U0881336

民国大师国学笔记

伊宁　编著

中国纺织出版社

内 容 提 要

本书主要对章太炎、朱自清、王国维、鲁迅、季羡林等国学大师其人其事其学术观点进行整理，还原出这些大师在诗文、词曲、小说、历史等不同领域中的建树，让大师引领我们走进国学，从传统文化的精华中找寻我们的精神家园。

图书在版编目（CIP）数据

民国大师国学笔记／伊宁编著. ——北京：中国纺织出版社，2015. 4（2023.4重印）
ISBN 978-7-5180-1194-0

Ⅰ.①民… Ⅱ.①伊… Ⅲ.①国学-通俗读物 Ⅳ.①Z126-49

中国版本图书馆CIP数据核字（2014）第256854号

策划编辑：郝珊珊　　特约编辑：张烛微　　责任印制：储志伟

中国纺织出版社出版发行
地址：北京市朝阳区百子湾东里A407号楼　邮政编码：100124
销售电话：010—67004422　传真：010—87155801
http：//www.c-textilep.com
E-mail：faxing@c-textilep.com
中国纺织出版社天猫旗舰店
官方微博http://weibo.com/2119887771
永清县晔盛亚胶印有限公司印刷　各地新华书店经销
2015年4月第1版　2023年4月第2次印刷
开本：710×1000　1/16　印张：13.5
字数：100千字　定价：42.00元

凡购本书，如有缺页、倒页、脱页，由本社图书营销中心调换

前言

时下，国学热方兴未艾，它似乎离我们很近，又离我们很远。先秦诸子的玄妙哲理，汨罗江边的香草美人，太白的诗、后主的词，一样一样逼近，又一样一样悠远。国学究竟是什么？是“四书五经”吗？是诗词歌赋吗？是琴棋书画吗？国学远远不止这些。简单来说，国学是指中国传统文化与学术，是中华文化的固本之学，也是每一个中国人的立身处世之本。我们重温国学，绝不是发思古之幽情，也不是要放弃现代文明，而是要像韩愈所说的那样，“沉浸浓郁，含英咀华”，于传统文化的精华中找寻我们的精神家园。

学习国学，除了直接阅读经典之外，诸位大师的论著也是我们踏入国学的门径。从清末民初的章太炎，到21世纪的季羡林，历位国学大师用他们毕生的思考和努力，为我们诠释了国学的奥义。

章太炎，中国近代最后一位古文经学大师，在经学、诸子、佛学等方面都有着极深的造诣，他张扬国粹，同时反对一切权威和束缚，其作品《国故论衡》是近代学术史上有数之巨制，开辟了汉语言文字学、经学、文学的现代化研究先河。

“为天地立心，为生民立命，为往圣继绝学，为万世开太平”，作为一名哲学家，冯友兰勤奋钻研、埋首著述，潜心整理中国传统文化，其著作《中国哲学简史》一直被认为是了解中国哲学最好的选择之一。

忘不了的《背影》，忘不了的朱自清。作为散文家，他的作品感情真挚、淳朴、动人；作为学者，他在诗歌理论、古典文学等方面研究皆有累累硕果，《新诗杂话》《诗言志辨》等作品至今闪耀着熠熠光芒。

每当来到颐和园昆明湖畔，总会想起一个人，那就是王国维，一位集文学、美学、史学、哲学、古文字学、考古学等多领域成就于一身的学术巨子。他是近代中国最早运用西方观点评论中国古典文学的开风气者，又是中国史学史上将历史学与考古学相结合的第一人，被誉为“中国近三百年来学术的结束人，最近八十年来学术的开创者”。

从小就读鲁迅先生的作品，他是我们现代文学史上一位不可或缺的文学家、思想家，他的《中国小说史略》《汉文学史纲要》等作品更是为现代学术的发展作出了卓越的贡献。

未名湖的季荷盛开如故，人们忘不了那位曾经播撒下种子的老人季羡林，他精通12种语言，学术研究跨越梵学、佛学、比较文学、文艺理论等多个领域。外界封他为“学术泰斗”“国学大师”，他虽然辞而不受，却抹杀不了他在学术上的杰出贡献。

如今，历位大师早已离我们而去，留下了咀嚼不尽的精神财富。聆听大师们的权威讲解，没有佶屈聱牙的文字，也没有长篇大论的说理。你会发现，国学离我们并不遥远，正如于丹教授所说：它一旦为我们的生命体验所激活，那温暖的气流便会流荡在心底，当我们感到失落绝望的时候，能够感受到，文化就是拯救自己的一种力量。

一页书，一盏茶，让大师引领我们走进国学。

编著者

2014年12月

目 录
CONTENTS

第一卷　章太炎概论国学

第二卷　朱自清谈诗说文

第三卷　王国维品词论曲

第四卷 鲁迅谈小说与文学史

第五卷　季羡林漫谈国学

第一卷 章太炎概论国学

20世纪初有许多著名的学者，例如黄侃、朱希祖、钱玄同、鲁迅、沈兼士、曹聚仁、刘文典……这些名字都如雷贯耳，然而很少有人知道，他们都出自同一个人的门下，那就是章太炎。鲁迅在1936年临终时回忆其师章太炎说：“考其生平，以大勋章作扇坠，临总统府之门，大诟袁世凯包藏祸心者，并世无第二人；七被追捕，三入牢狱，而革命之志终不屈挠者，并世亦无第二人。这才是先哲的精神，后生的楷模。”鲁迅的这番话奠定了后人对章太炎的评价基调，人们习惯于称章太炎为革命家，而忽视了他的学术成就。实际上，章太炎是我国民国时期首屈一指的国学大师，而他的革命也总是与学术分不开。

1869年，章太炎出生于浙江余杭的书香门第，祖父留下的藏书多达5000卷，后来家势衰微，章父立下“家训”希望子女们精研经史，重振门楣。章太炎在外祖父和父亲的教导下学习文字音韵，研读《说文解字》《尔雅义疏》等经典。16岁时，章太炎参加“童子试”，当时的试题为：论灿烂之大清国。面对此题，章太炎皱起了眉头：鸦片战争之后，清政府软弱无能，中国的领土被西方列强瓜分、中国的百姓遭到外国人的欺压，这样的大清国，“灿烂”从何谈起？于是，他奋笔疾书，将满腔愤怒泻于笔端，最后呼吁道：“吾国民当务之急乃光复中华也。”

从此以后，章太炎毕生都致力于革命事业和国学的振兴。1897年，章太炎因参加维新运动被清廷通缉，流亡日本。1903年他为邹容《革命军》一书作序，被捕入狱三年。1906年，章太炎赴日本参加同盟会，主持《民报》，主张“以国粹激励种性”。从1905年起，在东京开设国学讲习班，为钱玄同、鲁迅等留学生讲授国学经典。此后几年内陆续完成《新方言》《国故论衡》等著作，其中《国故论衡》为近代学术史上有数之巨制，开辟了汉语言文字学、经学、文学、哲学及心理学的现代化研究的先河。1913年，遭到袁世凯囚禁。被囚期间，章太炎仍然为钱玄同等人讲学不辍。1934年，在苏州创立章氏国学讲习会，学生从全国各地负笈而来，住校者达百人之多。章太炎极为重视讲学，虽然重病在身，依然坚持上课，说“饭可不食，书仍要讲”。1936年春天，章太炎在国学讲习会讲授《小学略说》《经学略说》《史学略说》和《诸子学略说》。6月，刚给学生讲完《尚书》，不久，便猝然病逝。

章太炎生前，他的疯是出了名的，癫是出了名的，狂也是出了名的，而他的味道又远远不止于疯、癫、狂三项。他学问广博，造诣精深，是灵光岿然的国学大师，他那些著作，更绝非普通文人学者所能结撰。章太炎去世后，许寿堂把章太炎的文句集在一起，作成挽联云："内云颉籀儒墨之文，外云玄奘义净之术，专志精微，穷研训诂；上无政党猥见之操，下无懦夫奋矜之气，首正大谊，截断中流。"

第一章　国学门径

先来辨辨古书的真假

【国学笔记】

★ 诠释经典之书，也有后人伪托，如孔安国《尚书传》《郑氏孝经注》《孟子孙·疏》之类，都是晋代的产品。不过“伪古文尚书”和“伪孔传”，比较的有些价值，所以还引起一部分人一时间的信仰。

★ 以假为真，我们就要陷入迷途，所以不可不辨别清楚。但反过来看，因为极少部分的假，就怀疑全部，也是要使我们彷徨无所归宿的。如康有为以为汉以前的书都是伪的，都被王莽、刘歆改窜过，这话也只有他一个人这样说。我们如果相信他，便没有可读的古书了。

【品读大师】

据史料记载，牧野之战中，商纣王仓促应战，与周武王的差距过大，但忠于纣王的将士们都视死如归，殊死搏斗。后来，在《尚书·武成》一篇上说商纣王的军队“血流漂杵”。孟子读了这篇《尚书·武成》，颇有感慨。他说：“尽信书，则不如无书。”孟子认为，像周武王这样讲仁道的人，讨伐商纣王这样极为不仁的人，怎么会血流成河呢？他不相信《尚书》中的这个记载，于是提醒后人不要盲目地信任《尚书》。

这就是孟子辨伪的故事，大概也是辨古书真假的最早一例。古书是传承传统文化最重要的载体，我们了解国学不可不读古书，然而古书也有真假之分，因此章太炎先生在谈到“治国学的方法”时，首先一条就是要“辨古书的真伪”，因为“对于古书没有明白哪一部是真，哪一部是伪，容易使我们走入迷途”。

那么，我们要分辨真假的古书具体指哪些呢？我们常讲“经史子集”，即中国古籍按内容区分的四大部类。经部主要指儒家“十三经”及其相关的著作，史部指各种体裁的史书，子部指诸子百家的著作及类书，集部则是收录诗文词的总集和专集。对于这四大类古书，章太炎先生指出，除了集部的内容很少有假的之外，其余经、史、子三部都包含着很多的伪书，尤其是子部。

按照“经史子集”的顺序，先来看看经部。上面说到孟子疑书的故事，孟子怀疑的对象是《尚书》。《尚书》是一部上古历史文献集，保存了上周特别是西周初期的一些重要史料，被称为中国现存最早的史书。然而不知道是不是因为孟子开了先例，后来的学者对于《尚书》也有很多疑问。例如宋代大儒朱熹就怀疑《尚书》是伪造的，但没有确凿的证据。一直到了清代，经过历代学者的考证，才明白地指出，《尚书》五十八篇中，只有三十三篇是汉代时的“今文”所有，另二十五篇都是晋代梅颐所假造。除了《尚书》之外，还有许多是伪造的，甚至，正如章太炎先生指出，经部书籍以及诠释经典的书当中，还有许多是明朝时期的人伪造的。这些伪书当中“伪古文尚书”还有些价值，其他的就暂且不提了。

其次来看史书。我们知道，古时候的史书分正史和别史，正史是史官写的，没人敢造假，但别史就有许多伪书了。章太炎先生举例说，《越绝书》是汉代袁康所造，而托名孔子的弟子子贡所著。《飞燕外传》和《汉武内传》都是宋人伪造的，却列入《汉魏丛书》。看来古时候的人喜欢给自己的书冠上古代名人的名字。

子部中的伪书最多，章太炎先生举出六种，《吴子》《文子》《列子》《关尹子》《孔丛子》和《黄石公三略》，先生认为前面三种还有价值，后面三种则完全不能相信。《吴子》据说是战国时期的军事家吴起所作，然而书中记载的兵器当时是没有的，可想而知是后人伪造，若真把这本书当做“武经”来读，那就是上当受骗了。《文子》据说是老子的弟子文子所作，而后来的学者发现，《文子》里面很多内容都是抄西汉时期的作品《淮南子》，而且已经有人证明它是西晋六朝人伪造的。对于《列子》，章太炎先生认为这本书做得不坏，很能打动人，但书中的内容确实所取材于佛经，而佛教传入中国是东汉时期的事，不可能是战国时期的列子所作，真假可想而知。

总之，我们对于古书不可不信也不可全信，如果把伪书当成真正的经典来看，就不免陷入迷惑。同时，章太炎先生也强调，虽然古书当中有些许是伪造的，但我们没有必要因此而否定所有的古书，认为古书都是假的，否则就只能彷徨无所依了。

略通小学，再读古书

【国学笔记】

★ 三国以下的文章，十之八九我们能明了，其不能明了的部分，就须借助于小学。唐代文家如韩昌黎、柳子厚的文章，虽是明白晓畅，却也有不能了解的地方。所以我说：看唐以前的文章，都要先研究一些小学。

★ 哲学一科，似乎可以不通小学，但必专凭自我的观察，由观察而发表自我的意思，和古人完全绝缘，那才可以不必研究小学。倘仍要凭借古人，或引用古书，那么，不明白小学就要闹笑话了。

【品读大师】

“唐宋八大家”之首韩愈曾说：“凡作文章宜略识字。”所谓“识字”，就是通“小学”的意思，韩愈说要写文章必须先通

“小学”，我们现在研究古书自然也得从“小学”入手了，因此章太炎先生讲治国学的方法，第二条就是“通小学”。那么究竟何谓“小学”呢？简单来说，“小学”在古代就是古汉语文字学，古时候的儿童入学，首先要学习六书，因此把研究文字音韵训诂的学问叫做小学，因此章太炎先生说，小学在古时，原不过是小学生识字的书，但是因为古今语言变迁的缘故，过去的文字对于现代人来说已经很陌生了，因此需要专门作一番了解，才能读懂古书。

章太炎先生拿《尚书》来举例，《汉书·艺文志》说：“《尚书》直言也。”直言就是白话，也就是说《尚书》是用当时的白话写的，相当于我们现在的白话文，然而我们今天读起来却觉得“佶屈聱牙”，晦涩得很，因为《尚书》里有很多内容是用商周时期河北的土话写的，我们自然读不懂，然而有一本书就是专门解释这些土话的，那就是《尔雅》，因此《汉书·艺文志》又说，“读《尚书》应用《尔雅》”，读了《尔雅》，自然就能读懂《尚书》了。

那么，研究小学要如何入手呢？章太炎先生为我们提出了三条方法：

首先，通音韵。这一点讲的是字的读音。古人写书时，常常是同音的字通用，就好像现在的人写了错别字一样，拿一个读音一样的字来代替真正要写的那个字。这本来不算麻烦，麻烦的事儿在于许多字的读音今天和古时候不一样，所以更读不懂了。因此，如果我们了解一些古时候的字的读音，知道哪个字和哪个字相通，读古书就不难了。要了解音韵，可以去看《音韵学》这本书。

其次，明训诂。这一点讲的是字的含义。古时候，常常赋予某个字一定的意义，后人进而又引申为别的意义，与原来的意义有很大的差别，如果用后来的意义去理解古书，自然读不懂，因此我们要了解一些古时候文字的含义。前面说到的《尔雅》就是了解训诂的好书。

最后，辨形体。这一点讲的是字的写法。同一个字，古时候的写法与现在的写法大有不同，例如很多书使用篆体写的，我们看不懂篆字，自然就看不懂古书。对于字的形体，可以去看《说文》这本书。

章太炎先生强调说："是正文字之小学，括形声义三者而其义始全。"章太炎指出，文字之所以能够流传，虽然凭借的是它的形体，但如果从根本上说，一个汉字，是先有一定的含义，然后有了声音能够说出来，最后有形体能够写下来。因此，对于一个字，要知道它的写法、含义和读音，才算认得这个字，有一样不通，都不算是通小学。

说起小学的重要性，先生以朱熹和毛西河举例说，朱熹一生研究四书五经，可研究了一辈子都没有弄得十分明白，正是因为他的小学功夫不扎实。而后来的毛西河总爱挑朱熹的刺儿，但他的小学也不怎么样，所以挑刺也说得没有道理了。而清代的学者十分重视小学，因此他们对于古书的研究前进了许多。可见，通小学对于研究国学是件极其重要的事情，“无论读古书或治文学哲学，通小学都是一件紧要的事。”

知晓古代地名与地形

【国学笔记】

★ 中国本来的地理，算不得独立的科学，只不过作为其他几种（史、经）的助手，也没曾研究到地质、地文的。我们现在要研究国学，所需要的也只是地志。

★ 我在上节曾讲过“通小学”，现在又讲到“明地理”，本来还有“典章制度”也是应该提出的，所以不提出者，是因各朝的典章制度，史书上多已载明，无以今证古的必要。我们看那一朝史知道那一朝的典章制度就够了。

【品读大师】

“会稽山”“陈留”“汴州”“身毒”“华容”，这些地名都是我们在读古书时常常遇见的，像这样的许多地名，眼看着十分熟悉，却又不知道究竟是哪里，于是读古书就像读天书一般，云里雾里不知所云。因此章太炎先生谈治国学的方法，第三条就是“明地理”，也就是了解一些古代的重要地名和地形。

要了解地理又分为天然的和人为的两种。天然的即山川河流一类，一直在那里没有变过的，所以比较容易了解。章太炎先生推荐乾隆时期的《水道提纲》一书，这本书讲山的地方比较少，水道到现在也变更了许多，不过大致是对的。至于大名鼎鼎的《水经注》，先生认为文采丰富，但是已经不太实用了。

人为的就是人们设置的郡县之类，由于是人为的，就经常有变化，所以考证起来比较麻烦。正如章太炎先生所说，古来封建制度至秦改为郡县制度，已是变迁极大，数千年来，一变再变，也不知经过多少更张。那秦汉时代所置的郡，现在还能大略考出，所置的县就有些模糊了；战国时各国的地界，也还可以大致考出，而各国战争的地点，却也很不明白了。章太炎先生推荐看《大清一统志》和《李申耆五种》，记载的内容较为详细可靠。

章太炎先生讲“明地理”主要是针对读史书而言，史书上涉及的地名十分繁杂，又不可不懂。比如历史上许多著名的战争，所以胜所以败的原因有许多和地形有关，如果不了解地形自然就不明白其中的原委。在先生看来，二十四史中最难研究的是《南北史》和《元史》。原因在于，东晋以后，五胡闯入内地，北方的人士多数南迁。他们数千人所住的地，就侨置一州，我们今天对于《南北史》中那些侨置的地名，实在容易弄混。而元帝成吉思汗拓展地域很广，《元史》中涉及许多西伯利亚和欧洲东部的地名，是我们比较不熟悉的。

当然，不论是读历史，还是治文学、哲学，了解一些中国古代的地名与地形总是很有帮助的。章太炎先生指出，不明白地理而研究国学，容易发生三种谬误。首先是臆测的谬误，这是因为历史上一些时代南北隔绝，北方的作者对于南方的地理不清楚，南方的作者对于北方的地理也不清楚，例如《水经注》，对于北方地势，还能正确，记述南方的地志，就错误很多，福建人郑樵所著《通志》，也错得很多。我们若是跟着这些错误的解释来读，就永远不能了解真相了。其次是纠缠的错误，中国幅员辽阔，有许多相同的地名，例如今天我们有吉林省、吉林市，古代也是如此，不能不加以区别。最后是意会的错误，古书上许多地名与今天的许多地名相同，于是许多人便认为是同一个地方，实际上却相隔万里。例如诸葛亮五月渡泸一事，泸水就是现在的金沙江，诸葛亮所渡之地，就是现在四川宁远。后人因为唐代曾在四川置泸州，大家就误以为诸葛亮五月渡泸是在此地。由此可见“明地理”的重要性了。

辨文学之应用

【国学笔记】

★ 自从韩退之崛起，推翻骈体，后来散体的声势很大。宋人就把古代经典都是散体、何必用骈体做宣扬的旗帜。清代阮芸台起而推倒散体，抬出孔老夫子来，说孔子在《易经》里所著的文言系辞，都是骈体的。实则这种争执都是无谓的。

★ 《尚书·顾命篇》有“奠丽陈教则肄肄不违”一语，从前都没能解这两个“肄”字的用意，到清代江艮庭始说明多一肄字，乃直写当时病人垂危舌本强大的口吻。《汉书》记周昌“臣期期不奉诏”“臣期期知其不可”等语，两“期期”字也是直写周昌口吃。

【品读大师】

所谓古书，也就是古人写的许多文章，读古书自然要涉及文学派别的问题，正如我们今天讲议论文、说明文、叙事文等，古代的文章也如此。如果能够了解古代文章的派别，读起古书来就会容易得多。章太炎先生讲治国学的方法第五条就是“辨文学应用”，也就是文学的各个派别。

文学大体上可分为两大类，诗和文，有韵的叫做诗，无韵的叫做文。章太炎先生认为，凡是诗必须要有韵，有韵才能传达情感。这就好像自然界中的鸟兽鱼虫，虽然不能说话，但它们用优美的声音传达感情，古人也说：“诗言志，歌永言，声依咏，律和声”，可见诗是必须要有韵的。因此先生认为，现在有些白话诗不用韵，即使有美感也不能算作诗，只能算作散文。

无韵的文也可分为两类，骈文与散文。“骈”字从字面上就可以看出是“两马并驾”的意思，后来引申出成双成对的含义。而骈文的特点就是对仗工整，句式两两相对，犹如两马并驾齐驱。而且，骈文还讲究平仄的运用，使得韵律和谐。散文则刚好相反，不讲究音韵也不讲究对偶排比，是一种很自由的文体。对于骈文和散文，章太炎先生认为，“凡简单叙一事不能不用散文，如兼叙多人多事，就非骈体不能提纲”。先生举例说，《周礼》和《仪礼》都是周公所著，但前者用骈体，后者用散体，这不是作者随意决定的，而是文章的内容要求必须要用骈体或者散体，可见骈文和散文各有特点和应用。

然而历史上的学者对于骈文和散文的争论却是相当激烈。骈文要求对仗工整、平仄和谐，自然就有讲究形式而忽视内容、堆砌辞藻而华而不实的缺点。因此许多人认为应该以散文取代骈文。例如唐代的韩愈发起古文运动，反对六朝以来讲求声律和辞藻、排偶的骈文，而他自己的散文继承了先秦两汉文章的传统，所以叫做“古文”。后来，又有人出来推崇骈文而反对古文，总之争论不休。对于这种争论，章太炎先生认为完全没有必要，“实在，散、骈各有专用，可并存而不能偏废。”

最后来说白话，前面提到《尚书》是用当时的白话写的，《汉书》里面也有一些白话，一般人理解，白话比较真实，但章太炎先生说：“现在的白话文只是使人易解，能曲传真相却也未必”。先生举例说，“二程”、朱熹和陆九渊都有语录，语录就是用白话写的，但“二程”是河南人，朱熹是福建人，陆九渊是江西人，各地方言不同，如果各传真相，那么应该所纪各异，为什么他们的语录都是同一体例呢？可见，白话文能完全表达口语的真相这个说法，也未必是真的。

第二章　国学略说

诸子皆出于王官

【国学笔记】

★ 所谓宦者，谓为其宦侍也；所谓御者，谓为其仆御也。故事师者，以洒扫进退为职，而后车从者，才比于执鞭拊马之徒。观春秋时，世卿皆称夫子。夫子者，犹今言老爷耳。孔子为鲁大夫，故其徒尊曰夫子，犹是主仆相对之称也。

★ 惟其学在王官，官宿其业，传之子孙，故谓之畴人子弟。畴者类也。《汉律》有："年二十三傅之畴官，各从其父学。"此之谓也。

【品读大师】

人们常说"诸子百家"，"诸子"是指中国春秋战国时期的学术流派，那时候社会正处于大变革时期，产生了各种不同的思想流派，他们著书讲学、相互论战，学术异常繁荣，东汉班固所著的《汉书·艺文志》中写道："凡诸子百家，……蜂出并作，各引一端，崇其所善，以此驰说，联合诸侯”，故后世称之为“百家争鸣”。“百家”并非实指，只是用“百”来表明当时诸子流派之多。至于当时诸子究竟有哪些派别，《艺文志》中提出主要有儒、道、墨、阴阳、纵横、法、名、杂、农、小说十家。我们不免有疑问，这许许多多的诸子派别是如何产生的呢？东汉班固认为，诸子出于王官，他在《艺文志》中说：“儒家者流，盖出于司徒之官；道家者流，盖出于史官；阴阳家者流，盖出于羲和之官；法家者流，盖出于司徒之官；名家者流，盖出于礼官；墨家者流，盖出于清庙之守；纵横家者流，盖出于行人之官；杂家者流，盖出于议官；农家者流，盖出于农稷之官；小说家者流，盖出于稗官。”

对于这种说法，章太炎先生是十分认同的，并且在演讲中专门作出了阐述。之所以说古代学者都是王官出身，根源在于当时的社会环境。先生说：“世卿用事之时，百姓当家，则务农商畜牧，无所谓学问也。其欲学者，不得不给事官府为之胥徒，或乃供洒扫为仆役焉。”也就是说，普通百姓是没有书读的，想要治学就得去为政府服务。《曲礼》说“宦学事师”正是如此，求学要入仕途，就教与官府，边仕边学，学为官之术，这就是所谓的“宦学制度”。《说文》中说：“仕，学也。”仕为什么训为学呢？正是因为宦于大夫，就好像今天我们学习走路一样。因此章太炎先生说：“是故非仕无学，非学无仕，二者是一，而非二也。”后来子夏说：“学而优则仕”，那是战国时代的事了，仕学已经逐渐分离。然而，秦朝时，李斯建议："若欲有法学令，以吏为师。"也就是效仿古时候的宦学制度，实行起吏师制度。《史记》称老子为"柱下史"，道家出于史官；墨家先有史佚，为成王师，其后墨翟亦受学于史角；阴阳家，掌管文史星历之事，其他各家的出身虽然没有确凿的根据，但大概都是出于王官。

章太炎先生认为，正是由于诸子皆出于王官，各自在各自的职位上守法奉职，因此彼此的学说不相通，正如《庄子·天下》篇中说："譬如眼耳鼻口，皆有所明，不能相通。"当然，也有兼学两种学说的，例如儒家许多学者同时也是纵横家，法家的许多学者同时也是名家，可见诸子各家的学说虽然自成一派，但是也有许多相互借鉴、融合的部分，并非完全相异，我们了解任何一个派别的学说，都需要了解其他派别的学说作为辅助，研究任何一门学问，也需要与其他学问融会贯通，唯此才能了解得透彻。

国势强弱决定文章盛衰

【国学笔记】

★ 周、秦、两汉之文刚，魏、晋南朝之文柔；唐代武功犹著，故其文虽不及两汉，犹有两汉遗风；宋代国势已弱，故欧、苏、曾、王之文，近于六朝；南宋及元，中国既微，文不成文；洪武肇兴，驱逐胡虏，国势虽不如汉唐，优于赵宋实远。

★ 不特文章为然，见于道德者亦然。道德非尽出于礼，亦生于情。情即有关于气体。体气强则情重，德行则厚；体气弱，情亦薄，德行亦衰。

【品读大师】

自古以来，文人学者评论文章都以“气”为主。曹丕首开以气论文章的风气，他说：“文以气为主，气之清浊有体，不可力敌而强制。”陆机在《文赋》中说：“才有庸俊，气有刚柔。”

刘勰的《文心雕龙》有《养气》一篇专谈养气。钟嵘在《诗品》中说："气之动物，物之感人，故摇动性情，形诸物咏。"苏轼："文者，气之所形。"严羽也有"气象"说。可见"气"在中国古代文学批评中的重要地位，章太炎先生对此也颇为重视，他说："文不论骈散，要以气骨为主"，不论骈文还是散文，都要以气骨来评价它的优劣，在这一点上，先生的意见与前人并没有什么不同，不同之处在于，先生提出文章的"气"取决于国家的"气"，所谓"历代文章之盛衰，本之国势及风俗"。

周秦时代的文章，章太炎先生认为"未有不深于理者，故篇篇有气"，就拿《诗经》来说，好贤如《缁衣》，恶恶如《巷伯》，皆可谓甚真。其次，《楚辞·离骚》之忠怨，《国殇》之严杀，皆各尽其致。

汉代的文章虽然比不上周秦时期的，但还算是气盛，章太炎先生评价说："有气行乎其间，自然骨力开张也。"到了东汉虽然差一些，但是像《两都》《两京》以及《三都》这样的文章仍然值得称赞，后世没有能够超过的。先生认为这都与汉人的体气有关，汉人体格强壮，因此文章气盛，这一点有据可证。其一，如今发掘的汉代古墓，可以看到汉人的尸骨比今人的尸骨大得多；其二，东汉晚期的武梁祠里保存了许多汉人的画像，面貌虽然看不清晰，但可以看出面部轮廓有如犹太人；其三，汉代尚武，文人为将帅的事情有很多，而且当时的歌谣都没有写行军之苦的，后世却有许多，可见汉人体格之强健。因此"故发为文章，举重若轻，任意堆垛而不见堆垛之迹，此真古今人不相及矣”。

到了唐代，国势虽然比不上两汉，但胜于六朝。章太炎评价说：“故燕许大手笔，文虽骈体，气骨特健。”而到了宋朝国势已弱，又尚文轻武，单拿“唐宋八大家”来说，欧、曾、王、苏之作，气骨已劣于韩、柳，到了南宋，更是文不成文。

明朝洪武肇兴，驱逐胡虏，国势虽不如汉唐，也比宋朝好得多。但是汉唐是自然强盛，而明朝则是勉强为之。明朝国势如此，文章亦如此，例如前后七子之作，效仿秦汉时期的文章，但力不足以赴之。

清初国势强盛，但那是满人的强盛，并非汉族之盛。当时的汉人皆以当兵为耻，“夫不习戎事，则体力弱；及其为文，自然疲苶矣”，体格不如从前。后来曾国藩办团练，平洪杨之乱，国势既变，湘军亦俨然一世之雄，故其文风骨遒上，得阳刚之气为多。

综观以上各朝代文章之盛衰，可知国势强盛，则文章气盛，若国势衰微，则文章也没有气，一直以来人们都就文章论文章，殊不知文章的盛衰其实取决于国势的强盛与否，如果用今天的话来理解，大概可以说是“物质基础决定上层建筑”，我们研究一切学问，都需要联系当时的社会经济背景，唯此才可以理解得透彻。

国学之进步论

【国学笔记】

★ 讲哲理绝不可像天文家讲日与地球的距离一样，测成某距离为已精确了。因为日的距离，事实上是不能量的，只能用理论计算的，那心像是在吾人的精神界，自己应该觉得的。

★ 王阳明辈内证于心，功夫深浅各有不同，所得见解，也彼此歧异，这也是事实上必有的。理，仿佛是目的地，各人所由的路，既不能尽同，所见的理，也必不能尽同；不尽同和根源上并无不合呢！

【品读大师】

清代国学的形态，以经学考据为中心，是国学全面总结的时期，三百年学术精深而博大，分量重而价值高。到了清末，曾国藩、张之洞等学者都认为一切学问都已被前人说尽，到了清代就已经是登峰造极，后人绝不可能再超过了。对于这种论断，章太炎先生不以为然。学问哪里是能够穷尽的，后来的人想要了解国学中的普通知识，大可以从前人的研究中得到，但是，如果要真正做学问，恐怕是不够的。清代考据学最发达，先生就以考据学为例，他说清代考据学的成就虽然很多，但是我依着他们的路径引申开来，也还可以得到许多的知识，还有许多未开辟的宝藏等待我们去发掘，怎么能说已经穷尽了呢？由此，章太炎先生呼吁："我们若不故步自封，欲自成一家言，非但守着古人所发明的于我未足，即依律引申，也非我愿，必须别创新律，高出古人才满足心愿。"

章太炎先生具体提出了国学进步的三点：一是经学，以比类知原求进步；二是哲学，以直观自得求进步；三是文学，以发情止义求进步。

对于经学，先生认为，清代治经学较历代为尤精，但是"温故知新"仅仅是"足以为师"，谈不上是进步，治经必须要比类知原，才能有进步。前人治经，流于臆测妄断，而清人治经，又仅求一字、一句的妥当明白。因此我们后人再来治经，古书上的疑难问题已经由前人讲明白了，我们就不必再做那些"襞绩补苴"的事情，可以在前人治经的基础上做到融会贯通，由此便可以使经学进一步发展。

如何能够做到融会贯通呢？章太炎先生强调说，治经不可不读史。从根本上讲，经史是绝不可以分的，经是古代某一时期的历史，因此也可以说是断代史。我们研究历史，都知道要先看通史，再研究断代史，这样才能通透高远，不至于眼光狭隘。同样，我们治经，也必须先研究通史，治经若不与研究通史相结合，就相当于研究断代史而不看通史一样糟糕，如何能有成果？因此，先生提出治经要比类求原，以求经史的融会贯通。那么究竟什么叫作比类求原呢？简单地说，就是“把经看作古代的历史，用以参考后世种种的变迁，于其中看明古今变迁的中心”，先生认为，这样一来，经学家最忌讳的武断和琐屑的毛病，就可以避免了。而从中可以得到的新知识，也将不可限量。

至于哲学，章太炎先生认为要“直观自得”，先生强调说：“要知哲理非但求之训诂为无用，即一理为人人所共明而未证之于心，也还没有用处的。必须直观自得，才是真正的功夫。”先生这番话是针对前人所说的，晋代哲学为清谈，嘴上说说但并无根据；宋明理学，渐有所证；而清代专门在文字上下功夫，也没有多少可取之处。

章太炎先生所说的“发情止义”出自《诗序》，文章里所讲的“情”是指喜怒哀乐的“情”，而“义”是指礼义的“义”，而先生将这句话的含义引申了，“情”指“心所欲言，不得不言”的意思，“义”指“作文的法度”。先生举例说，桐城派的文章，细细读来总觉得无味，原因在于他们的文章虽止乎义，却非发乎情；苏东坡境遇不佳，诗中写抑郁不平的还多，而随便应酬的诗也很多，就损失他的价值了；杜甫身遇乱世，又很穷困，诗中有情之作，可居半数，其他也不免到一处写一首的。这样的例子还有许多，总之，文学不但要“止乎义”，还要“发乎情”，我们学文学诗，初步当然要从法上走，然后从情创出。

章太炎先生提出的国学进步的三点，在今天看来并不觉得新鲜，然而如果回到先生所在的年代，就可以知道其中的意义了。声势浩大、成果辉煌的“乾嘉学派”，标志着国学的鼎盛期，然而到了清朝末期，国学渐渐走向衰落，文人学者故步自封，在学术上少有进步和创新，章太炎先生由此提出追求进步的口号，无论在什么年代，这种求进步、求创新的精神都是治学所不能缺少的。

第二卷

朱自清谈诗说文

大半个世纪以来，朱自清的《背影》《荷塘月色》等散文都是语文课本的必选之作，读过这些散文的人都知道他的文章写得好，尤其是散文，被誉为现代文学史上的“美文”。但其实，在我国现代文化史上，朱自清先生不仅以诗人、散文家著称于世，而且是一位很有成就的学者。

朱自清1898年11月22日出生，原名朱自华，字秋实，取“春华秋实”之意。幼年在私塾读书，受中国传统文化的熏陶。1912年入高等小学，1916年中学毕业后考入北京大学预科。后来“感于家庭经济情况不好，为了惕厉自己不随流俗合污，改名自清”。自清，典出《楚辞 · 卜居》“宁廉洁正直以自清乎”——这是屈原被流放时请太子卜为自己占卦时说的话，意思是廉洁正直使自己保持清白。他同时还取字“佩弦”。“佩弦”出自《韩非子 · 观行》“董安于之性缓，故佩弦以自急”，意思是弓弦常处于紧张状态，性格缓慢的人可以佩带弓弦以自警。

朱自清是“五四”爱国运动的参加者，受“五四”浪潮的影响走上文学道路。1919年2月，他就发表了新诗处女作《睡罢，小小的人》，以诗人的身份登上文坛。1920年，朱自清从北京大学哲学系毕业后，在江苏、浙江一带一边教中学，一边积极参加新文学运动。1922年和俞平伯等人创办《诗》月刊，是新诗诞生时期最早的诗刊。他是早期文学研究会会员，这时还写过《桨声灯影里的秦淮河》等优美散文。

1925年8月，朱自清到清华大学任教，开始研究中国古典文学，但创作以散文为主。1931年8月，朱自清留学英国，进修语言学和英国文学；后又漫游欧洲五国，并在1932年7月回国后写成《欧游杂记》，也从这一年9月开始，他长期担任清华大学中国文学系主任。1937年抗日战争爆发，随校南迁至昆明，任西南联大教授，讲授《宋诗》《文辞研究》等课程。在这段艰苦岁月里，他不顾生活清贫，仍然以认真严谨的态度从事教学和文学研究，曾与叶圣陶合著《国文教学》等书。1946年由昆明返回北京，任清华大学中文系主任。1948年8月24日，朱自清因严重的胃溃疡导致的胃穿孔不幸逝世，享年仅50岁。他留下了《雪朝》《踪迹》《背影》《春》《欧游杂记》《你我》等大量美文以及古典文学研究著作。

朱自清曾宣称“国学是我的职业，文学是我的娱乐”。他所说的“国学”，就是古典文学。北大教授、文学家王瑶说：

“朱先生是诗人，中国诗，从《诗经》到现代，他都有深湛的研究。‘诗选’是他多年来所担任的课程；陶谢、李贺，他都做过详审的行年考证。”尽管朱自清致力于“国学”研究的时间并不多，教学和文学创作占去了多半的时间，但他做学问极为勤奋、刻苦，学风严谨踏实，采取了比较科学的方法，写出了《精读指导举隅》《略读指导举隅》《国文教学》《经典常谈》《诗言志辨》《新诗杂话》《标准与尺度》《论雅俗共赏》等学术著作，给我们留下了一份可观的宝贵的学术遗产。

第三章 《诗经》新解

一人的机锋，多人的智慧

【国学笔记】

★ 乐器在中国似乎早就有了，《礼记》里说的土鼓土槌儿、芦管儿，也许是我们乐器的老祖宗。到了《诗经》时代，有了琴瑟钟鼓，已是洋洋大观了。

★ 由近及远是一个重要的原则。所歌咏的情事往往非当前所见所闻，这在初民许是不容易骤然领受的。于是乎从当前习见习闻的事指指点点地说起，这便是“起兴”。又因为初民心理简单，不重思想的联系而重感觉的联系，所以“起兴”的句子与下文常是意义不相属，即是没有论理的联系，却在音韵上(韵脚上)相关联着。……音韵近似，便可满足初民的听觉，他们便觉得这两句是相连着的了。这种“起兴”的句子多了，渐渐会变成套句；《诗经》中常有相同的起兴的句子，古今歌谣中也多。

【品读大师】

所谓诗，是一种为了吟咏言志的文学体裁，通过有节奏和韵律的语言反映生活，抒发情感。《诗经》是中国最古老的一部诗歌总集，朱自清对《诗经》作了深入的研究，集众家所长，提出了系统而又本质的见解，本章将逐一介绍。

朱自清在《经典常谈·诗经第四》的开头就说“诗的源头是歌谣。上古时候，没有文字，只有唱的歌谣，没有写的诗”。

我们知道，上古的人们在劳动时会唱一些歌抒发心情，一个人高兴或者难过的时候，常愿意把自己的心情表达出来，给别人或自己听。朱自清说：“日常的言语不够劲儿，便用歌唱；一唱三叹的叫别人回肠荡气。唱叹再不够的话，便手也舞起来了，脚也蹈起来了，反正要将劲儿使到了家。碰到节日，大家聚在一起酬神作乐，唱歌的机会更多。或一唱众和，或彼此竞胜。”他还引用传说葛天氏的乐八章，“三个人唱，拿着牛尾，踏着脚”作为例证。

虽然没有文字来记载歌谣，但它被人们口耳相传，流转在一代又一代人的记忆里，随着时间沉淀，传唱的歌谣越来越多。对于歌谣的发展，朱自清说：“有了现成的歌儿，就可借他人的酒杯，浇自己块垒；随时拣一支合式的唱唱，也足可消愁解闷。若没有完全合式的，尽可删一些，改一些，到称意为止。流行的歌谣中往往不同的词句并行不悖，就是为此。可也有经过众人修饰，成为定本的。”他引用《英国民歌论说》中的观点说歌谣是“一人的机锋，多人的智慧”，十分恰当。

朱自清把歌谣分为徒歌和乐歌。徒歌是在没有伴奏的情况下随口唱，乐歌则是随着乐器唱。二者都有节奏，徒歌中手舞脚蹈便是帮助节奏的，只不过乐歌的节奏更规律化。歌谣的节奏。最主要的靠重叠或叫复沓；本来歌谣以表情为主，只要将情感表达到位就行，用不着费话。重叠可以说原是歌谣的生命，节奏也便建立在这上头。字数的均齐，韵脚的调协，似乎是后来发展出来的。有了这些，重叠才在诗歌里失去主要的地位。

文字出现以后，歌谣被人记录下来，就是最早的诗了。朱自清对从歌谣到诗的过程有详细的论述：

但记录的人似乎并不是因为欣赏的缘故，更不是因为研究的缘故。他们大概是些乐工，乐工的职务是奏乐和唱歌；唱歌得有词儿，一面是口头传授，一面也就有了唱本儿。歌谣便是这么写下来的。我们知道春秋时的乐工就和后世阔人家的戏班子一样，老板叫做太师。那时各国都养着一班乐工，各国使臣往来，宴会时都得奏乐唱歌。太师们不但得搜集本国乐歌，还得搜集别国乐歌。不但搜集乐词，还得搜集乐谱。那时的社会有贵族与平民两级。太师们是伺候贵族的，所搜集的歌儿自然得合贵族们的口味；平民的作品是不会入选的。他们搜得的歌谣，有些是乐歌，有些是徒歌。徒歌得合乐才好用。合乐的时候，往往得增加重叠的字句或章工，便不能保存歌词的原来样子。除了这种搜集的歌谣以外，太师们所保存的还有贵族们为了特种事情，如祭祖、宴客、房屋落成、出兵、打猎等作的诗。这些可以说是典礼的诗。又有讽刺、颂美等的献诗；献诗是臣下作了献给君上，准备让乐工唱给君上听的，可以说是政治的诗。太师们保存下这些唱本儿，带着乐谱；唱词儿共有三百多篇，当时通称作“诗三百”。到了战国时代，贵族渐渐衰落，平民渐渐抬头，新乐代替了古乐，职业的乐工纷纷散走。乐谱就此亡佚。但是还有三百来篇唱词儿流传下来，便是后来的《诗经》了。

诗以言志，政治教化

【国学笔记】

★ 春秋时通行赋诗。在外交的宴会里，各国使臣往往得点一篇诗或几篇诗叫乐工唱。这很像现在的请客点戏，不同处是所点的诗句必加上政治的意味。这可以表示这国对那国或这人对那人的愿望、感谢、责难等，都从诗篇里断章取义。断章取义是不管上下文的意义，只将一章中一两句拉出来，就当时的环境，作政治的暗示。

★ 近来文学批评里常把言志与载道对言，以为言志是个人的抒情，而载道是文以载道。载道，为“五四”以来所反对。但最近又主载道，不过所载之道不同。但是，言志实即载道，二者不应对立。

【品读大师】

朱自清在《诗言志辨·比兴》中说："在诗论上，我们有三个重要的，也可说是基本的观念：'诗言志''比兴''温柔敦厚'的'诗教'。后世论诗，都以这三者为金科玉律。"并在《诗言志辨·序》中说"'诗言志'是中国历代诗论'开山的纲领'"，给予"诗言志"在诗歌评论上最高的地位。

"诗言志"是一句古话"诗以言志"，"诗"这个字就是"言""志"两个字合成的。朱自清认为古代所谓"言志"总是关联着政治或教化的。他在《诗言志辨·诗言志》中从献诗陈志、赋诗言志、教诗明志、作诗言志四个方面对"诗言志"的政治教化作用进行了阐述。前两方面主要考察以诗乐合一的先秦时代诗歌，后两方面主要考察以诗乐逐渐分开、诗义更受关注时期，特别是汉代以后的诗歌，从多个角度分析了"诗言志"的含义及其发展的史迹。

一、献诗陈志

朱自清首先引用杨树达的意见，肯定"诗"与"志"是同一个字，还肯定了闻一多对"志"的释义：记忆、记录、怀抱，然后提出"到了'诗言志'和'诗以言志'这两句话，'志'已经指'怀抱'了"，又从《左传》昭公二十五年和《论语·公冶长篇》得出"这种志，这种怀抱是与'礼'分不开的，也就是与政治、教化分不开的"结论。他又引用《诗经》中12处关于作诗的句子，说明相关诗歌的“作意”不是“讽”就是“颂”，而且“讽”比“颂”多，从中也可以看清楚“诗言志”究竟是指什么。最后，他从古代诗乐不分家的角度分析“乐语”，指出与“乐”合一的“诗”是“礼乐”的一部分。

所以朱自清认为，“诗言志”其实就是指抒发与政教意识相关的“怀抱”。公卿列士把抒发这种“怀抱”的诗歌献给帝王，或者唱给帝王听，以达到“讽、颂”的目的，这就是献诗陈志，或者谓之“歌谏”。

二、赋诗言志

赋诗言志即借诗言志。“赋诗”者只是“借诗言志”，他们不是诗歌的作者，而“献诗”者往往本人就是该诗的作者。朱自清认为“在赋诗的人，诗所以‘言志’，在听诗的人，诗所以‘观志’‘知志’”，赋诗即使是在应酬场合的也还“一面言一国之志，一面也还流露着赋诗人之志，他自己的为人”，这在《左传》襄公二十七年、昭公十六年、襄公十六年的内容中都可以看到。

朱自清讲了赋诗言志的两个特点：一是“从外交方面看，诗以言诸侯之志、一国之志，与献诗陈已志不同。在这种外交酬酢里言一国之志，自然颂多而讽少，与献诗相反。外交的赋诗也有出乎酬酢的讽颂，即表示态度之外的。……郑人赋诗，求而兼颂；鲁人赋诗，谢而后许。虽也还是‘言志’，可是在办交涉，不止于酬酢了。……但赋诗究竟是酬酢的多”；二是“献诗的都有定指，全篇意义明白。赋诗却往往断章取义，随心所欲，即景生情，没有定准”。总之，“赋诗”者把诗歌当做特定场合中应酬的工具，让听诗的人通过诗句了解他和他所代表的国家，从这个方面来看，“诗言志”依然与政治、道德相关。

三、教诗明志

“教诗明志”四字，是朱自清根据《国语楚语上》“教之诗而为之导广显德，以耀明其志”一语概括出来的，侧重在受教诲人的志。朱自清指出，“献诗陈志”是指“由下而上”传述讽旨，“赋诗言志”是指“在上位的人”互相称颂“表德”，而“教诗明志”则是指统治者利用诗歌自上而下对人民实施教化，引导风俗。仍然没有脱离政治教化。

四、作诗言志

前面的“赋诗”“教诗”都是说明借用诗人的诗歌观念，“献诗”则是以讽谏为目的，重点在听诗的人，不在诗人自己。而“作诗言志”是从写诗者个人的角度出发梳理“诗”与“志”的关系，诗人表达个人的想法，为自己而写诗。朱自清认为，中国诗歌史上“真正开始歌咏自己的”是屈原为首的辞赋作者，到东汉五言诗逐渐发达以后，抱这种写作态度的诗人更多。然而，这些“歌咏自己”的诗人在他们的作品中或者讲述个人的穷通出处，或者吟咏他们所理解的人生义理，比如出世观和入世观，以这些为“诗言志”的引申义，其实也都没有离开政教。

综上所述，朱自清厘清了“诗言志”的内涵：“诗言志”的本义是讽颂，反映的是一种政教意识。

温柔敦厚的诗教

【国学笔记】

★《诗》教究竟以意义为主，所以说“以《诗》辞美刺讽喻以教人”；美刺讽喻不离乎政治，所谓“《诗》依违讽谏，不指切事情”，就指美刺讽喻而言。

★讽谏似乎就是“谲谏”，似乎就指献诗讽谏而言。讽谏用诗，自然是最婉曲了。谏诤是君臣之事，属于礼；献诗主“温柔敦厚”，正是《礼》教，也是《诗》教。

【品读大师】

“诗教”这个词最早见于《礼记·经解篇》：

孔子曰：“入其国，其教可知也。其为人也温柔敦厚，《诗》教也。疏通知远，《书》教也；广博易良，《乐》教也；洁静精微，《易》教也；恭庄敬，《礼》教也；属辞比事，《春秋》教也。故《诗》之失愚，《书》之失诬，《乐》之失奢，《易》之失贼，《礼》之失烦，《春秋》之失乱。”

“其为人也温柔敦厚而不愚，则深于《诗》者也；疏通知远而不诬，则深于《书》者也；广博易良而不奢，则深于《乐》者也；洁静精微而不贼，则深于《易》者也；恭俭庄敬而不烦，则深于《礼》者也；属辞比事而不乱，则深于《春秋》者也。”

由上可以看出，《诗》教与《书》教、《乐》教、《易》教、《礼》教、《春秋》教并列，共称为“六艺政教”（郑玄语）。朱自清在《诗言志辨·诗教》中指出，诗教在六艺之教中地位与其他五家相当，但由于“诗语简约，可以触类引申，断章取义，便于引证”，《诗经》这种“富于弹性”的特点，又帮助了它流传，所以从社会流传、应用的广泛程度而言，儒家其他经典“到底不如《诗》”，这也使《诗》教的影响得以扩大。

汉人在著书立说时喜欢频繁而广泛地引证《诗经》，这既说明他们对《诗经》非常熟悉，也说明诗教深入人心。朱自清把汉人引《诗》概括为三类：一是关于人事的，包括德教、政治、学养，其中以涉及德教的引用数量为最多；二是关于天道的；三是关于历史、制度、风俗的。在此基础上，朱自清提出诗教这一意念的“核心”是“德教、政治、学养”，“温柔敦厚”四字就是从其中提炼出来的。《经解篇》孔颖达《正义》解释“温柔敦厚”为“温谓颜色温润，柔谓情性和柔。”《诗》依违讽谏，不指切事情，故云温柔敦厚是“诗教”也。可见，“温柔敦厚”的确是集中了诗教的精粹。

朱自清在《诗言志辨·诗教》的第三部分对“温柔敦厚”诗教进行了透彻的分析。他首先厘清了诗教与乐教的关系，而“诗教”更不能离乐而谈。一来声音感人比文辞广博得多，若只着眼在“《诗》辞美刺讽渝”上，“诗教”就未免狭窄了。二来以声为用的《诗》的传统——也就是乐的传统——比以义为用的《诗》的传统古久得多，影响大得多，“诗教若只着眼在意义上，就未免单薄了”。由此，他得出结论，“‘温柔敦厚’该是一个多义语：一面指‘《诗》辞美刺讽喻’的作用，一面还映带着那‘《诗》《乐》是一’的背景”。然后从以义为主，诗、乐、礼互为其用的角度，阐明“温柔敦厚”诗教的基本精神，“‘温柔敦厚’是‘和’，是‘亲’、也是‘节’、是‘敬’、也是‘适’、也是‘中’”。儒家重“中庸”之道，就是继承这种传统思想。

朱自清不仅阐述了“温柔敦厚”核心要义，还把唐以前和宋以后诗歌风格的变化置于“温柔敦厚”诗教传统的变迁中加以考察。他认为诗教在汉朝风气最盛，以后则“大减声势”，不过诗歌仍追求“优游不迫”，所以“还不失为温柔敦厚”。到了宋朝，以说理为诗，风格朝散文化发展，离开“优游不迫”“温柔敦厚”越来越远。

第四章　从乐府到唐诗

风靡一世的汉乐府

【国学笔记】

★ 至武帝定郊祀之礼，……乃立乐府，采诗夜诵，有赵、代、秦、楚之讴。以李延年为协律都尉，多举司马相如等数十人造为诗赋，略论律吕，以合八音之调，作十九章之歌。以正月上辛用事甘泉圜丘，使童男女七十人俱歌，昏祠至明。

★ 汉武帝定郊祀，乃立乐府，散采齐、楚、赵、魏之声以入乐府也。名字磨灭，不知其作者，故称古辞。

【品读大师】

从秦代以来，统治者设立专门官署——乐府，来配置乐曲、训练乐工和采集民歌。汉乐府则是指由汉时乐府机关所采制、保存下来的诗歌，汉人叫做“歌诗”，魏晋时开始被称为“乐府”或“汉乐府”。后世文人仿照这一时期的诗歌形式所作的诗，叫做“乐府诗”。朱自清在《经典常谈·诗第十二》中对汉乐府的概况作了介绍，我们就从中一窥汉乐府之究竟。

汉代乐府从汉武帝开始采民间的歌谣和乐谱，据《汉书·艺文志》载，“有代、赵之讴，秦、楚之风，皆感于哀乐，缘事而发，亦可以观风俗，知薄厚云”。可见代、赵、秦、楚的作品是汉乐府之精华。汉武帝任命李延年为协律都尉，负责整理那些采集来的歌辞和谱子，以备传习唱奏。朱自清说：“当时乐府里养着各地的乐工好几百人，大约就是演奏这些乐歌的。歌谣采来以后，他们先审查一下。没有谱子的，就要给谱曲，有谱子的，要看合式不合式，不合式的地方，便给改动一些。这就是‘协律’的工作。歌谣的‘本辞’合乐时，有的保存原来的样子，有的删节，有的加进些复沓的甚至不相干的章句。”

朱自清认为乐工们进行“协律”工作的时候，主要以乐为主，只要调子相合，“歌辞通不通，他们是不大在乎的”。乐工们有时还在歌辞里夹进些泛声，“辞”用大字写，“声”用小字写。但流传久了，声辞渐渐区分不开混杂起来，后世便不容易看懂了。这些乐歌就是后来被称为“乐府诗”的诗歌，简称就叫“乐府”。

朱自清指出，汉乐府的声调和当时称为“雅乐”的三百篇有所不同，而是采取了新调子。新调子有两种：“楚声”和“新声”。楚声的代表就是屈原的辞。汉高祖是楚人，喜欢楚声。一般人不用说也是喜欢楚声，因为楚声比雅乐好听。汉武帝时乐府所采的歌谣，楚以外虽然还有代、赵、秦各地的，但声调也许差不很多。鲁迅说汉宫楚声就是指这种风气。不过，那时也有另一种新声输入乐府中，新声出于西域或北狄的军歌，李延年就喜欢用新声的调子唱奏歌谣，渐渐把楚声给压下去了。

汉乐府以叙事为主，其中社会故事和风俗最多，历史及游仙的故事也占一部分，此外就是男女相思和离别之作，格言式的教训，人生的慨叹等——这些都是一般人所喜欢的题材。朱自清说："用一般人所喜欢的调子，歌咏一般人所喜欢的题材，自然可以风靡一世。"到了汉哀帝，却认为那些都是不正经的乐歌，于是废了乐府，裁了多一半乐工——共四百四十一人，大概都是唱奏各地乐歌的。当时汉哀帝很想恢复雅乐，但没有懂的，只好放弃了。不过一般人还是爱好那些乐歌，这风气直到汉末都没有改变。

委婉尽情的《十九首》

【国学笔记】

★ 楚声名调比雅乐参差得多，新声的更比楚声参差得多。可是楚声里也有整齐的五言，楚调曲里各篇更全然如此，像著名的《白头吟》《梁甫吟》《怨歌行》都是这样的五言诗的源头。

★ 这种作品（指五言诗），文人化的程度虽然已经很高，题材可还是民间的，如人生不常、及时行乐、离别、相思、客愁，等等。这时代作诗人的个性还见不出，而每首诗的作者，也不限于一个人，所以没有主名可指。《十九首》就是这类诗。诗中常用典故，正是文人的色彩。但典故并不妨害《十九首》的“自然”，因为这类诗究竟是民间味，而且只是浑括的抒叙，还没到精细描写的地步，所以就觉得“自然”了。

【品读大师】

《十九首》即南朝时期梁代昭明太子萧统主持编撰的《昭明文选》中所录的《古诗十九首》。是乐府古诗文人化的显著标志。《十九首》没有作者，但也不是民间的作品，而是文人仿乐府作的诗。前面讲过，乐府本来是入乐的歌谣，盛行于西汉。到东汉时，文人仿作乐府辞的极多，现存的乐府古辞也大多是东汉的。朱自清认为，仿作乐府，最初大约是依原调，用原题；后来做的便有只有原题的。再后便有不依原调，不用原题，只取乐府原意作五言诗的了。

以前有些说法认为，最早的五言诗是《古诗十九首》和苏武、李陵的诗，而《十九首》里有七首是枚乘所作，和苏、李诗都出现于汉武帝时代。朱自清对这种说法予以否定，他认为十九首古诗都是汉末的作品，苏、李诗虽然题了苏武、李陵的名字，却与他们的事迹不相符，而其风格和《十九首》出现在差不多的时候。

《十九首》在朱自清的眼里是“我们最早的五言诗，是我们诗的古典之一”。所谓“温柔敦厚”“怨而不怒”的作风，《诗经》三百篇之外，《十九首》是最重要的代表。直到六朝，五言诗都以这一类古诗为标准，而从六朝以来的诗论，还都以这一类诗为正宗。

朱自清指出《十九首》中歌咏的多是相思离别，人生无常、当及时行乐的意思；也有对于邪臣当道、贤人放逐、朋友富贵相忘、知音难得等事的慨叹。这些都算是普遍的题材；但后一类是所谓“失志”之作，自然兼受了《楚辞》的影响。他同意钟嵘评古诗“可谓几乎一字千金”的看法，认为古诗所咏的“几乎是人人心中所要说的，却不是人人口中、笔下所能说的，而能够那样平平说出，曲曲说出，所以是好。”《十九首》只像对朋友说家常话，并不在字面上下功夫，而自然达意，委婉尽情，合于所谓“温柔敦厚”的诗教。到唐为止，这是五言诗的标准。

陶、谢——发现自然的诗人

【国学笔记】

★ 历代论陶（即陶渊明），大约六朝到北宋，多以为“陶逸诗人之宗”，南宋以后，他的“忠愤”人格才扩大了。本来《宋书》本传已说他“耻复屈身异代”等。经了真德秀诸人重为品题，加上汤汉的注本，渊明的二元的人格才确立了。

★ 陶《劝农》云：“悠悠上古，厥初生民，傲然自足，抱朴含真。”《感士不遇赋》云：“……抱朴守静，君子之笃素。自真风告逝，大伪斯兴。……”“抱朴”也是老子的话。也就是“淳”的一面。“真”和“淳”都是道家的观念，而渊明却将“复真”“还淳”的使命加在孔子身上；此所为孔子学说的道家化，正是当时的趋势。所以陶诗里主要思想实在还是道家。

★ 陶诗里可以确指为“忠愤”之作者，大约只有《述酒》诗和《拟古》诗第九。……大约“忠愤”论陶的，《述酒》诗外，总以《咏荆轲》《咏三良》及《拟古》诗、《杂诗》助成其说。

【品读大师】

诗发展到晋代，渐渐变得排偶化、典故化，例如左思的《咏史》诗、郭璞的《游仙诗》都取法《楚辞》，借古人及神仙抒写自己的怀抱。后来又流行了玄言诗，以孙绰、许询为代表，他们作诗，只是融化老、庄的文句，抽象说理。朱自清引钟嵘说的“道德论”来评价这一时期的诗，认为当时的诗千篇一律，没有“我”，《兰亭集诗》各人所作四言、五言各一首，都是一个味儿，就是典型。但他又指出，在这种影响下，晋代却孕育了陶渊明和谢灵运两个大诗人。

陶渊明，浔阳柴桑人（今江西省九江市），字元亮，号五柳先生，世称靖节先生，到南朝刘宋时改名为潜。他是东晋末期南朝宋初期诗人、文学家、辞赋家、散文家。代表作有《归园田居》《桃花源记》《五柳先生传》《归去来兮辞》《桃花源诗》《饮酒》等，主要以田园生活为题材进行创作。

陶渊明做了几回小官，但觉得做官不自由，终于回到田园，躬耕自活。作为老、庄的信徒，他从躬耕里领略到自然的恬美和人生的道理。朱自清评价他是“第一个人将田园生活描写在诗里。他的躬耕免祸的哲学也许不是新的，可都是他从现实生活里体验得来的，与口头的玄理不同，所以亲切有味，诗也不妨说理，但须有理趣，他的诗能够做到这一步。他作诗也只求明白诚恳，不排不典；他的诗是散文化的。”不过，正如本文第一段介绍的背景，陶渊明的诗作违反了当时的趋势，所以钟嵘在《诗品》把他放在了中品里。只是这丝毫不影响陶渊明后来成为千古“隐逸诗人之宗”。

谢灵运，浙江会稽人（今绍兴），东晋名将谢玄的孙子，小名“客”，又被人称为谢客，又因为他袭封康乐公，又被称为谢康公、谢康乐。谢灵运是中国文学史上山水诗派的开创者，也是最著名的山水诗人，主要创作活动在刘宋时代，代表作有《登池上楼》《初去郡》《岁暮》等，从他开始，山水诗成为中国文学史上的一大流派。

和陶渊明不同，谢灵运本身是有政治野心的，只是一直不得志，就投身山水。他不但和陶渊明一样是老、庄的信徒，还是佛教信徒。他最爱做的事就是游山玩水，常常领了一群人到处探奇访胜，朱自清说他的“自然的哲学和出世的哲学教他沉溺在山水的清幽里。”朱自清认为谢灵运是第一个在诗里用全力刻画山水的人，还是第一个用全力雕琢字句的人。“他用排偶、用典故，却能创造新鲜的句子；不过描写有时不免太繁重罢了。他在赏玩山水的时候，也常悟到一些隐遁的、超旷的人生哲理；但写到诗里，不能和那精巧的描写打成一片，像硬装进去似的。这便不如陶渊明的理趣足，但比那些‘道德论’自然高妙得多。”

朱自清说陶渊明和谢灵运都是发现自然的诗人。“陶诗教给人怎样赏味田园，谢诗教给人怎样赏味山水；……陶是写意，谢是工笔。谢诗从制题到造句，无一不是工笔。他开了后世诗人着意描写的路子，这也是他之所以成为大家的一个原因。”这个评价不能不说是抓住了陶诗和谢诗的“中枢神经”。

李白以诗话生活，杜甫以诗写时代

【国学笔记】

★ 唐代以诗取士，诗原是应试的玩意儿；诗又是供给乐工歌妓唱了去伺候宫廷及贵人的玩意儿。李白用来抒写自己的生活，杜甫用来抒写那个大时代，诗的领域扩大了，价值也增高了。而杜甫写“民间的实在痛苦，社会的实在问题，国家的实在状况，人生的实在希望与恐惧”，更给诗开辟了新世界。

★ 五言律诗，王维、孟浩然已经不用来写艳情而来写山水；杜甫却更用来表现广大的、实在的人生。他的七言律诗，也是如此。他作律诗很用心在组织上。

【品读大师】

唐代是中国古典诗歌发展的全盛时期，朱自清在《经典常谈 · 诗经第十二》中指出“唐代谐调的发展，成立了律诗绝句，称为近体；不是谐调的诗，称为古体；又成立了古、近体的七言诗。古体的五言诗也变了格调，这些都是划时代的。”初唐时期的诗歌，大体上还继续着南朝梁简帝时专咏艳情的“宫体诗”的风气，不过到了开元、天宝的盛唐时期，宫体诗渐渐有人觉得腻味了，陈子昂、李白等人认为这种诗颓靡浅薄，没有价值。他们不但否定了当时古体诗的题材，也否定了那些诗的形式。

一般作家开始大量的仿作七言的乐府歌行，当时往往从这种歌行里截取谐调的四句入乐奏唱，多少带着些排偶与谐调，可是李白撇开了排偶和谐调，作他的七言乐府。

李白，字太白，号青莲居士，有“诗仙”之称，是中国继屈原后又一伟大的浪漫主义诗人，代表作有《静夜思》《蜀道难》《行路难》《梦游天姥吟留别》《将进酒》等，存世诗文有千余篇，有《李太白集》传世。

李白是个疏放不羁的人，在花了大约十六年游历了大半个中国后，终于被人引荐给了唐玄宗，玄宗因为才气对他颇为赏识，命他作供奉翰林，自此文章风采，名震天下。后来李白触犯了杨贵妃，性格又不能见容于权贵，在京仅三年，就弃官而去，仍然继续他那飘荡四方的流浪生活。第二次过上游历生活的李白整日游山水、喝酒、作诗，他的乐府诗很多，取材广泛，朱自清说他：“是借着乐府旧题来抒写自己生活的。他的生活态度是出世的；他作诗也全任自然。”贺知章称李白为“天上谪仙人”，这高度概括了他的人和他的诗。

对李白的诗歌的价值，朱自清评价道：“他的歌行增进了七言诗的价值；但他的绝句更代表着新制。绝句是五言或七言的四句，大多数是谐调。南北朝民歌中，五言四句的谐调最多，影响了唐人；南朝乐府里也有七言四句的，但不太多，李白和别的诗家纷纷制作，大约因为当时输入的西域乐调宜于这体制，作来可供宫廷及贵人家奏唱，绝句最短小，贵储蓄，忌说尽，李白所作，自然而不觉费力，并且暗示着超远的境界；他给这新体诗立下了一个标准。”

唐诗发展的另一个丰碑就是和李白并称为“李杜”的杜甫，朱自清说“真正继往开来的诗人是杜甫”。杜甫，有“诗圣”之称，字子美，号少陵野老，因曾任工部校检郎，而又被称做杜工部。

杜甫生活在唐朝由盛转衰的历史时期，他身经乱离，亲见了民间疾苦。他的诗努力描写当时的情形，发抒自己的感想。朱自清认为，虽然杜甫不大仿作乐府，但他描写社会生活正是乐府的精神，他的写实的态度也是从乐府来的。

朱自清说杜甫：“常在诗里发议论，并且引证经史百家；但这些议论和典故都是通过了他的满腔热情奔进出来的，所以还是诗。他这样将诗历史化和散文化；他这样给诗创造了新语言。古体的七言诗到他手里正式成立；古体的五言诗到他手里变了格调。从此‘温柔敦厚’之外，又开了‘沉着痛快’一派”。“他的五言律诗最多，差不多穷尽了这体制的变化。他的绝句直抒胸怀，嫌没有余味；但那些描写片段生活印象，却也不缺少暗示的力量。他也能欣赏自然，晚年所作，颇有清新刻画的句子。他又是个有谐趣的人，他的诗往往透着滑稽的风味。但这种滑稽的风味和他的严肃的态度调和得那样恰到好处，一点也不至于减损他和他的诗的身份。”

朱自清在《经典常谈·诗第十二》有关唐代诗歌部分，用了很大的篇幅来说杜甫，可见在朱自清眼中，只有杜甫才能担得起那个“继往开来”的评价，其崇敬之情溢于文间。

第五章 千古文章渊源

辞，中国最早的文

【国学笔记】

★ 郑子产便是个善于辞命的人。郑是个小国，他办外交，却能教大国折服，便靠他的辞命，他的辞引古为证，宛转而有理，他的态度却坚强不屈。孔子赞美他的辞，更赞美他的“慎辞”。孔子说当时郑国的辞命，子产先教裨谌创意起草，交给世叔审查，再教行人子羽修改，末了他再加润色。他的确是很慎重的。

★ 当时（春秋时期）言语，方言之外有“雅言”。“雅言”就是“夏言”，是当时的京话或官话。孔子讲学似乎就用雅言，不用鲁语。卜、《尚书》和辞命，大概都是历代的雅言。讼辞也许不同些。雅言用的既多，所以每字都能写出，而写出的和说出的雅言，大体上是一致的。

【品读大师】

卜辞是商代的人占卜的记录文字，通常有占卜人的姓名、占卜日期、占卜所问的事和占卜结果等，偶尔也有少量与占卜有关的记事。卜辞是用刀刻在龟甲或兽骨上的。朱自清认为卜辞是现存的中国最早的文。卜辞只是一些句子，很少有一章一节的。

和卜辞一样的还有后来出现的《周易》卦爻辞和《鲁春秋》，但这两部经过卜官和史官接着卦爻与年月的顺序编纂起来，比卜辞显得整齐。朱自清引王安石的意见说“《鲁春秋》是‘断料朝报’。所谓“断”，正是不成片段、不成章节的意思”，他认为卜辞的简略可能是由于工具的原因，“在脆而狭的甲骨上用刀笔刻字，自然不得不如此。”卦爻辞和《鲁春秋》写在竹木简上，自由比较多，但并没能跳出卜辞的氛围去。

卜辞是“辞”，《尚书》里大部分也是“辞”。这些都是官文书。朱自清认为《尚书》里的几篇《商书》，“即使有些是追记，也总在商、周之间。那不但有章节，并且成了篇，足以代表当时史的发展，就是叙述文的发展。而议论文也在这里面见了源头”。

朱自清指出“记言、记事的辞之外，还有讼辞”。讼辞就是打官司时原被告的口供。辞本身就是“讼”的意思，是一种辩解的言语。讼辞兼有叙述和议论，关系自己的利益，双方都得用心陈说，自己办不了，可以请教讼师。春秋时，列国交际频繁，外交语言关系国体和国家的利害更大，外交语言也称为“辞”，又称为“命”，又合称为“辞命”或“辞令”。

“辞命得‘顺’，就是宛转而有理；还得‘文’，就是引古为证。”朱自清认为这才是辞命的要领。“辞多指说出的言语，命多指写出的言语；但也可以兼指。”春秋各国向外派使臣，有时只口头批示策略，有时预备好稿子让他带着。这都是命。使臣受了命，到实际中总还得随机应变，自己想如何说话，因为许多情形是没法预料的。孔子说“辞”只要“达”就成，这也是朱自清认同的。他认为辞是辞命，“达”是明白，辞多了像背书，少了说不明白，多少要恰如其分。

议论与记事之文

【国学笔记】

★ 西汉普通文字，句子很短，最短有两个字的。东汉的句子，便长起来了，最短的是四个字；魏代更长，往往用上四下六或上六下四的两句以完一意。所谓“骈文”或“骈体”，便这样开始发展。

★ 梁昭明太子在《文选》里第一次提出“文”的标准，可以说是骈体发展的指路牌。他不选经、子、史，也不选“辞”。经太尊，不可选，史“褒贬是非，纪别异同”，不算“文”；子“以立意为宗，不以能文为本”；“辞”是子史的支流，也都不算“文”。他所选的只是“事出于沈思，义归乎翰藻”之作。

【品读大师】

朱自清认为，辞命的重要，代表议论文的发展。第一种私家著作《论语》开创了以记言为主的议论文，朱自清说：“记言体制的恢张，也是自然的趋势。这种记言是直接的对话。由对话而发展为独白，便是‘论’”。他认为，初期的论，“言意浑括”，代表作有《老子》《墨经》《韩非子》“储说”的经、《管子》的《经言》等。再进一步，就是恢张的论，如《庄子·齐物论》等篇以及《荀子》《韩非子》《管子》的一部分。还有一种“寓言”，借着神话或历史故事来抒论。《庄子》多用神族，《韩非子》多用历史故事，也是继承《庄子》的神族寓言而加以变化。战国游士说辞时还好用譬喻。譬喻成了风气，开了后来辞赋的路。

论是进步的体制，但还只以篇为单位，“书”的观念还没有。直到《吕氏春秋》，才成了第一部有系统的书。事实上，私家著作的出现，使得学术日渐平民化。著作越来越多，流传也越来越广。“雅言”便成了凝定的文体了。后世大体采用，言文渐渐分离。

伴随着议论文的发展，记事文也有了长足的进步。朱自清认为《春秋左氏传》就是记事文的里程碑。《左传》从分国记言的《国语》中取材很多，朱自清说它“铺排的记言，一面以《尚书》为范本，一面让当时记言体的、恢张的趋势推动着，成了这部书”。《左传》最擅长战争的记载，能够把千头万绪的战事叙得层次分明，战场描写更是栩栩如生。

《左传》之后，记事文的代表作就是司马迁的《史记》。朱自清认为《史记》的文字最大的贡献在于描写人物。写人需要精细的观察和选择，比较《左传》写事更难。朱自清引班彪论《史记》的“善叙事理，辩而不华，质而不野，文质相称”来说明司马迁写人也是行文委曲自然。又说他“往往即事寓情，低徊不尽，他的悲愤的襟怀，常流露在字里行间。明代茅坤称他‘出《风》入《骚》’不错的”。

到了赋的时代——汉代，所有的作家几乎都是赋的作家。赋的特色是铺张、排偶、用典故，朱自清认为一切的文体，都受了赋的影响。西汉记事记言都还用散行的文字，语意简明，到了东汉，散行里夹着排偶，此后，排偶用得越来越多。西汉的赋，虽用排偶却还重自然，并不力求工整，从东汉到魏，则越来越工整，典故也越用越多。随着句子长度的增加，“骈体”文开始发展。骈体出于辞赋，夹带着不少抒情成分，而“句读整齐，对偶工丽，可以悦目，声调和谐，又可悦耳，也都助人情韵”。

有关于“文”的定义，朱自清比较认可萧统和梁元帝的观点。萧统在《文选》里所选的只是“事出于沈思，义归乎翰藻”之作：“事”是“事类”，就是典故；“翰藻”兼指典故和譬喻；典故用得好的，譬喻用得好的，他才认为是“文”，才选在他的书里。而梁元帝说：“吟咏风谣，流连哀思者谓之文”，“文者，惟须绮縠纷披，宫徵靡曼，唇吻遒会，情灵摇荡。”意思是，用典故、有对偶、谐声调的抒情作品才叫做“文”。这种“文”大体上专指诗赋和骈体而言，但不包括章奏等应用文式的骈体。朱自清说，汉代把诗赋称为“文”，把记言、记事之作称为“文辞”或“文章”。骈体原也是些记言、记事之作，后来被提出一部分来，与诗赋并列在“文”的尊称之下，可谓“附庸蔚为大国”了。

唐宋八大家开散文之宗派

【国学笔记】

★ 那时北周的苏绰是首先提倡复古的人，李谔等纷纷响应。但是他们都没有找到路子，死板地模仿古人到底是行不通的。

★ 当时（唐中叶）人不愿为师，以避标榜之名，他（韩愈）却不在乎，大收其弟子。他可不愿作章句师（对儒家经典只求对字句作机械认知的那种人），他说师是“传道，授业，解惑”的。他实是以文辞为教的创始者。他所谓“传道”，便是传尧、舜、禹、汤、文武、周公、孔子、孟子的道；所谓“解惑”，便是排斥佛、老。

★ 韩愈虽然开了宗派，却不曾有意立宗派，欧、苏是有意的立宗派。他们虽也提倡道，但只促进了并且扩大了古文的发展。

【品读大师】

唐宋八大家是指唐代韩愈、柳宗元和宋代苏轼、苏洵、苏辙、欧阳修、王安石、曾巩八个人，他们是唐宋古文运动的代表人物。古文运动是提倡古文、反对骈文的一次文体改革运动。所谓古文，即先秦和汉朝的散文，文章以散行单句为主，不受格式拘束，有利于反映现实生活、表达思想。所谓骈文则是始于汉朝，盛行于南北朝的一种讲究排偶、辞藻、音律、典故的文体。骈文中除了少量优秀作品，更多的是过分铺陈、形式僵化、内容空虚的文章。

朱自清在《经典常谈 · 文第十三》中用了不少笔墨讲述古文运动的影响。他首先肯定了陈子昂、元结、独孤及、梁肃等古文运动先驱“宪章六艺，能探古人述作之旨”“力避排偶、辞取朴拙”，又进一步指出他们没有形成宗派，“（散文）开宗派的是韩愈”。

韩愈，字退之，自称郡望昌黎，世称韩昌黎。出于尊儒反佛的思想，韩愈提倡古文，很称赞陈子昂、元结复古的功劳，曾向梁肃、独孤及请教过。他说他写文章取法《尚书》《春秋》《左传》《周易》《诗经》以及《庄子》《楚辞》《史记》、扬雄、司马相如等。朱自清说他力求以散行的句子换去排偶的句子，总把句子的停顿位置弄得参差有致。并认为他以“气”为文章的标准，韩愈说：“气盛则言之短长与声之高下者皆宜”。所谓

“气”就是自然的语气和音节。虽然韩愈还不能跳出“雅言”的圈子而采用当时的白话，但有意把白话的自然音节引到文章里，他是第一人。朱自清说：“在这一点上，所谓‘古文’也是不‘古’的，不过他提出‘语气流畅’（气盛）这个标准，却给后进指点了一条明路。”

韩愈还把萧统在《文选》里不收录的经、子、史都排进“文”里去。朱自清认为“这是一个大改革、大解放。他这样建立起文统来”，加上韩愈好为人师，弟子众多，使写古文的人越来越多，当时的文体面貌大变。所谓新体的“古文”，宋代又称为“散文”的新派就在韩愈手里成立了。

柳宗元也是古文的倡导者。朱自清认为柳宗元写文章取法《书》《诗》《礼》《春秋》《易》，以及《谷梁》《孟》《荀》《庄》《老》《国语》《离骚》《史记》，其学问见解在韩愈之上，并不墨守儒学。“他的文深幽精洁，最工游记，他创造了描写景物的新语。”柳宗元也把经、子、史排在“文”里，和韩愈的文统大同小异。不过他不敢为人师，“写文章打破常规”的功劳，比韩愈差得多了。

唐末宋初，骈体文又回光返照了一下。韩愈的门下有难、易两派：爱易派主张新而不失自然，李翱是代表，爱难派主张新就不妨奇怪，皇甫湜是代表。当时爱难派的流传比较广泛，他们扭曲了自然的语气和音节，文章僻涩诡异，不易读诵。所以雕琢的骈体文和僻涩的古文先后盘踞着宋初的文坛。直到欧阳修出来，才又回归到韩愈和李翱，走上平正通达的古文路。

比起韩愈为人师而提倡古文，欧阳修身居高位而提倡古文所面临的形势要容易得多，所以唐宋八大家中六家都是宋人。以欧阳修为首，之下的曾巩、苏轼是欧阳修的门生，别的三个也都是他提拔的。因此，朱自清说欧阳修可以算是当时文坛的盟主。欧阳修的文章委婉舒缓，条理通达、流畅，以言情见长，有人认为是从《史记》脱化而出的。曾巩学问有根底，他的文确切信实而谨严；王安石是政治家，以文笔等精练锋利胜人。三苏长于议论，得力于《战国策》《孟子》，尤其苏轼才气纵横，朱自清认为他的文达到了自然的极致。南宋有“苏文熟，秀才足”的俗谚，可见影响之大。

唐宋八大家所开创的散文对后世文章的影响极大，明代宋濂、唐顺之、王慎中、归有光等人以及清代桐城派、阳湖派古文之所以能取得一定成就，追根溯源，无一不是受到唐宋古文运动的启发或影响。唐宋古文运动，可以说是中国散文发展史上一座重要的里程碑。

天下文章在桐城

【国学笔记】

★ 明代用八股文取士，……“股”是排偶的意思；这种体制，中间有八排文字互为对偶，所以有此称——自然也有变化，不过“八股”可以说是一般的标准。——又称为“四书文”，因为考试里最重要的文字，题目都同在四书里。又称为“制”，因为这是朝廷法定的体制。又称为“时文”，是对古文而言。

★（八股文）因为排偶，所以讲究声调。因为代古人语气，便要描写口吻，圣贤要像圣贤口吻，小人要像小人的。这是八股文的仅有的本领，大概是小说和戏曲的不自觉的影响。八股文格律定得那样严，所以得简练揣摩，一心用在技巧上。除了口吻、技巧和声调之外，八股文里是空洞无物的。

★ 诗人作家自己标榜宗派，在前只有江西诗派，在后只有桐城文派。桐城派的势力，绵延了二百多年，直到民国初期还残留着；这是江西派比不上的。

【品读大师】

清代中叶，有“天下文章在桐城”的话，是因为当时的文章大家都是桐城人，他们被称为桐城派。朱自清说：“桐城派的开山祖师方苞，而姚鼐集其大成。”

方苞，字灵皋，是八股文大家。他提倡明代八股文兼古文大家归有光的文章。朱自清指出方苞是第一个提倡“义法”的人。“他论古文以为‘六经’和《论语》、《孟子》是根源，得其枝流而义法最精的是《左传》《史记》，其次是《公羊传》《谷梁传》《国语》《国策》，两汉的书和疏，唐宋八家文，再下怕就要数到归有光了。”这其实就是桐城派的文统论。“义”是用意，是层次。“法”是求雅、求洁的条目：雅是纯正不杂，洁是简省字句。关于求雅，方苞说：“不可用语录中语、骈文中丽语、汉赋中板重字法、诗歌中俊语（高明的言辞、妙语），《南史》《北史》中佻巧（浮华小巧）语以及佛家语。”后来姚鼐又加注疏语和尺牍语，这些“法”其实都是从八股文的格律引申出来的。（注，对经书字句的注解，又称传、笺、解、章句等；疏，对注的注解，又称义疏、正义、疏义等。）

朱自清认为方苞受八股文的束缚很严重，只学得了《史记》、欧阳修、曾巩、归有光的一部分，“只是严整而不雄浑，又缺乏情韵”。而姚鼐同样是向《史记》、欧阳修、曾巩、归有光学习，却能“迂回荡漾，余味曲包”，达到了新境界。姚鼐从音节上用力，追求悠远的情韵，具有“阴与柔之美”。当时汉学家提倡考据，不免繁琐的毛病。姚鼐因此主张义理、考据、词章三端相济，但他的义理不深，考据多误，所有的还只是词章本领。姚鼐选编的《古文辞类纂》被朱自清认为是古文的典范，也是桐城派的经典，“学文必由于此，也只需由于此”。

朱自清引方苞评归有光的文庶几“有序”，但“有物之言”太少，以及曾国藩评姚鼐时说了同样的话，来肯定桐城派的特点就是空疏浮浅、范围太窄，但他更认为桐城文派“组织的技巧，言情的技巧，也是不可抹杀的”。

姚鼐以后，桐城派因为路太窄，渐有中衰之势。直到曾国藩出来，桐城派才又一次中兴。那时候一般的士人只知道作八股文，而汉学、宋学的门户之争却越来越严重，都各走偏锋。朱自清指出，曾国藩为补偏救弊起见，对姚鼐的义理、考据、辞章三端相济之说加以发扬光大。曾国藩反对当时一般考证文的芜杂琐碎，也反对当时崇道贬文的议论，以为要明先王之道（儒家思想），非精研文字不可，并认为桐城文的病在弱在窄，曾国藩“却能以深博的学问、弘通的见识、雄直的气势，使它起死回生，他才真回到韩愈，而且胜过韩愈”。曾国藩选了《经史百家杂钞》，将经、史、子也收入选本里，让学者知道古文的源流和文经的一贯，眼光比姚鼐远大得多。此外，曾国藩的幕僚和弟子极众，真是登高一呼，群山四应。这样延长了桐城派的寿命几十年。

第三卷 王国维品词论曲

梁启超称赞他“不独为中国所有而为全世界之所有之学人”，郭沫若则评价他“留给我们的是他知识的产物，那好像一座崔嵬的楼阁，在几千年的旧学城垒上，灿然放出了一段异样的光辉”。他就是王国维。

回顾王国维的一生，学术是他生命中分量最重的两个字。对于学术，他始终抱着一颗纯粹的、敬畏的心。严复翻译的《天演论》出版之后，康有为等一些学者将西方学术作为一种谋求政治的手段，王国维对此极为反感，他提出：“故欲学术之发达，必视学术为目的，而不视为手段而后可。”1925年，清华大学邀请王国维到国学院任导师，并希望他能够出任国学院院长，但王国维始终辞而不就，因为他认为出任院长后要管理院中大小事宜，使他无法专心治学，王国维对于学术的专心可见一斑。

一次，一位友人去王国维家里拜访，他正在写《宋元戏曲史》，桌上、书架上放的都是有关这本书的资料。朋友与他聊天，本来说的是别的事情，可他总是找机会把话题引到戏曲上来，与对方讨论，事后甚至把讨论的内容和结论都一一记录下来。后来，这位朋友又去家里拜访王国维，此时他的《宋元戏曲史》已经快要出版了，原来桌上和书架上的那些资料也全都不见了，取而代之的是下一本书的资料，聊天时，王国维再也不谈戏曲方面的内容，而是转向他正在研究的题目。他的这位朋友因此说："王静庵写书的方法有三个字：'博''专''细'。"

王国维给学生上课，最喜欢学生向他提问题，只要谈到与学术相关的事，就表现出十二分的热情，平日里的王国维性情冷僻、不善言谈，鲁迅说他："老实得像火腿一般。"胡适也说他："人很丑，小辫子，样子真难看，但光读他的诗和词，以为他是风流才子呢！"风流未必真才子，才子无须尽风流。王国维的心全在学术上，在国家的危亡上。

1927年，时局动荡不安，李大钊等人被害，接着又发生"四一二"政变，四月间，北伐军逼近北京，传来学者王葆心遭受极端侮辱致死的消息，王国维因此感到极为惊心，他是清廷遗臣，北伐军一旦进入北京，不知道要遭受多少侮辱。

6月2日，王国维像往常一样起床，妻子照例为他梳好辫发，洗漱过后，他和家人共进早餐，之后一个人出门，准时到清华国学院上班。中午，有人发现异样，到处都不见王国维的身影，既不在办公室，也没有回家吃饭。清华校门口的一位黄包车夫说看见王国维坐着车往西走了，大家立即赶到颐和园，颐和园的门房说有一位老人跳湖自杀，此时，王国维的尸体已经放在了昆明湖边的亭子里，只留下“经此事变，义无再辱”的遗言。

王国维的死来得太突然，人们一面惋惜，一面回顾他毕生的学术成就。作为中国近代著名学者，王国维一生研究文学、史学、哲学等多个领域，是近代中国最早运用西方哲学、美学、文学观点和方法剖析评论中国古典文学的开风气者，又是中国史学史上将历史学与考古学相结合的开创者。人们说他保守、说他抱残守缺，不可否认的是他永远是人们心中的国学大师。

第六章　人间词话话词境

成大事的三种境界

【国学笔记】

★ 诗人对宇宙人生，须入乎其内，又须出乎其外。入乎其内，故能写之。出乎其外，故能观之。入乎其内，故有生气。出乎其外，故有高致。美成能入而不出。白石以降，于此二事皆未梦见。

★ “纷吾既有此内美兮，又重之已修能。”文学之事，于此二者，不能缺一。然词乃抒情之作，故尤重内美。

【品读大师】

王国维一生执着于理想，追求一种无功利的、纯粹的学问境界，虽然盛名天下，却始终心无旁骛、专心向学，不营生计，甘于清贫，有人称他是“以学术为性命，而又以性命殉了学术”。他的《人间词话》中最广为人知的便是他的三个境界说，他说：“古今之成大事业、大学问者，罔不经过三种之境界：‘昨夜西风凋碧树。独上高楼，望尽天涯路。’此第一境界也。‘衣带渐宽终不悔，为伊消得人憔悴。’此第二境界也。‘众里寻他千百度，蓦然回首，那人却在，灯火阑珊处。’此第三境界也。此等语皆非大词人不能道。然遽以此意解释诸词，恐为晏欧诸公所不许也。”

众所周知，《人间词话》是一部文学批评论著，然而在这里，王国维谈的既是诗词，也是人生，他以一种巧妙的方式，将三句本无关联的词联系在一起，归纳出“成大事、大学问者”所必须经历的三重境界。

第一层境界，出自北宋婉约派词人晏殊的《蝶恋花》：“槛菊愁烟兰泣露。罗幕轻寒，燕子双飞去。明月不谙别离苦，斜光到晓穿朱户。昨夜西风凋碧树。独上高楼，望尽天涯路。欲寄彩笺兼尺素，山长水阔知何处。”原词中的“昨夜西风”一句写的是秋日的怅望，而王国维用“西风凋碧树”表现孤独寂寞的状态，“独上高楼”则是指对理想的渴望与追求，“望尽天涯路”则进一步表明摆脱一切琐事和杂念，一心一意治学和追求理想的决心。

第二层境界，出自北宋婉约派词人柳永的《凤栖梧》：“伫倚危楼风细细。望极春愁，黯黯生天际。草色烟光残照里。无言谁会凭栏意。拟把疏狂图一醉，对酒当歌，强乐无味。衣带渐宽终不悔，为伊消得人憔悴。”原词中的“衣带渐宽”一句原指的是相思离别之苦，而王国维用衣带宽、人憔悴来形容追求理想的过程之艰苦，然而却“终不悔”，即无论如何艰苦也不放弃，不论将来成功与否都要为之奋力一搏。

第三层境界，出自南宋豪放派词人辛弃疾的《青玉案》：“东风夜放花千树。更吹落、星如雨。宝马雕车香满路，凤箫声动，玉壶光转，一夜鱼龙舞。蛾儿雪柳黄金缕。笑语盈盈暗香去。众里寻他千百度。蓦然回首，那人却在，灯火阑珊处。”原词中“蓦然回首”一句写的是苦苦寻觅之后，忽然见到心上之人的喜悦。王国维在这里用“众里寻他千百度”再一次强调做学问和追求理想的艰苦，而虽然艰苦，却终于有“蓦然回首”的一天，即实现理想之后的欣喜。

王国维曾叹曰：“天才者，或数十年而一出，或数百年而一出，而又须济之以学问，帅之以德性，始能产生真正之大文学。”可见，王国维一方面认为天才之难得，一方面也十分重视后天的修养对一个人的塑造。综观这三重境界，可知在王国维看来，无论做学问还是做其他任何事业，都需要抛开一切杂念，沉下心来踏踏实实地去做、坚持不懈地去做，唯此才会有柳暗花明、修得正果的一天，王国维的一生也切切实实地践行了他自己的这句话。

词以境界为最上

【国学笔记】

★ 自然中之物，互相限制。然其写之于文学及美术中也，必遗其关系，限制之处。故虽写实家，亦理想家也。又虽如何虚构之境，其材料必求之于自然，而其构造，亦必从自然之法则。故虽理想家，亦写实家也。

★ 太白纯以气象胜。“西风残照，汉家陵阙。”寥寥八字，遂关千古登临之口。后世唯范文正之《渔家傲》，夏英公之《喜迁莺》，差足继武，然气象已不逮矣。

【品读大师】

“境界”原指一个人的思想觉悟和精神修养，而王国维将它引入文学批评领域，在《人间词话》中提出了著名的“境界说”。王国维不仅把境界视为诗词的创作原则，也把其当做评判标准，评价作品的优劣、词品的高低，均从“境界”二字出发。

《人间词话》第一句开宗明义：“词以境界为最上。有境界则自成高格，自有名句。”也就是说，有境界的作品才能有高格调，能够清新自然脱离雕琢，成为千古传诵的佳句。王国维特别推崇五代和北宋的词作也正是因为这样的原因，这一时期的词还处在发展阶段，还没有追求形式而流于空洞的毛病，能够反映作者的真性情和真思想，因此可以成为一流的作品。

在王国维看来，词的境界可以分为两种，即有我之境与无我之境。他举例说，冯延巳的“泪眼问花花不语，乱红飞过秋千去”是有我之境，而元好问的“寒波澹澹起，白鸟悠悠下”是无我之境。他说：“有我之境，以我观物，故物我皆著我之色彩。无我之境，以物观物，故不知何者为我，何者为物。古人为词，写有我之境者为多，然未始不能写无我之境，此在豪杰之士能自树立耳。”也就是说，有我之境是作者把自己的思想意志情感附加在事物之上，使他观察到的事物带有了作者的感情色彩。而无我之境的作品中，不带有作者的主观感情，达到一种“物我合一”的超脱境界。这两种境界又各有特色“无我之境，人惟于静中得之。有我之境，于由动之静时得之。故一优美，一宏壮也。”也就是说，由于无我之境是以物观物，心情平淡而纡徐平缓；而有我之境是以我观物，感情激昂而骇心震目。因此，无我之境优美，而有我之境宏壮。在王国维看来，无我之境要难于有我之境，因为只有一个人的内心真正达到淡泊名利、不为外物所扰的境界，才能够作出无我之境的作品。

同时，王国维也强调："境界有大小，不以是而分优劣。"在他看来，杜甫的"细雨鱼儿出，微风燕子斜"与"落日照大旗，马鸣风萧萧"不相上下，而秦观的"宝帘闲挂小银钩"与"雾失楼台，月迷津渡"也是旗鼓相当。许多文学评论家总是偏爱那些气势宏伟、惊心动魄的诗词，王国维则认为，壮阔的豪情也好、细腻的温情也罢，只要是表现真景物、真性情，都是有境界的好作品，都应该受到赞赏，如果为了雄伟而雄伟、为了放达而放达，则会得不偿失。

此外，王国维认为诗词创作有造境与写境之分，即有的是创造境界，有的是描写境界，但是有时候造境与写境又很难分别，因为"因大诗人所造之境，必合乎自然，所写之境，亦必邻于理想故也"，也就是说，真正的大诗人，既有高超的文学技巧，又有超于常人的情怀，因此他们的作品中往往既有写境又有造境，既合乎自然，又接近理想。

除了"境界"之外，文人学士用来批评作品的标准还有很多，其中有一些是被长时间广泛运用的，例如"兴趣"和"神韵"。而王国维则说："言气质，言神韵，不如言境界。有境界，本也。气质、神韵，末也。有境界而二者随之矣。"在王国维看来，古人所说的兴趣、神韵都有不足之处，而"境界"则涵盖了诗词要表现的各方面的内容，因此比严羽、王士禛提出的兴趣和神韵更高明、更全面。从这一点看，王国维确实有一些小小的自负，他对自己的词作自视甚高，对自己提出的“境界说”同样自视甚高，但是，“兴趣”“神韵”和“境界”，究竟哪一个更高明，我想并没有必要非得评个高下，这些都是前人给我们留下的精神财富，是文学批评史上不可抹杀的贡献，将它们研究深了、研究透了才是正经事。

情真，景亦真

【国学笔记】

★ 境非独谓景物也。喜怒哀乐，亦人心中之一境界。故能写真景物，真感情者，谓之有境界。否则谓之无境界。

★ 词人之忠实，不独对人事宜然。即对一草一木，亦须有忠实之意，否则所谓游词也。

★ 昔人论诗词，有景语、情语之别。不知一切景语，皆情语也。

【品读大师】

王国维既然把“境界”作为评价诗词的标准，那么怎样的诗词才算有境界呢？在王国维看来，感情真实就是作品有境界的第一标准。他说：“大家之作，其言情也必沁人心脾，其写景也必豁人耳目。其辞脱口而出，无矫揉妆束之态。”也就是说，文学作品首先要“情真”，才能有感染力，心中有真情实感，才能把情写得明白、把景写得生动。

谈到作品感情的真实与否，王国维认为有“隔”与“不隔”之分。他举例说，欧阳修的“阑干十二独凭春，晴碧远连云。二月三月，千里万里，行色苦愁人”。语语都在目前，便是不隔，而他的“谢家池上，江淹浦畔”就是隔了。可以看出，所谓的“隔”与“不隔”的区别就在于，前者是将真情实感直接写出，而后者则感情造作，是为了创作而创作，用典故和辞藻追求表面上的华丽，所以始终觉着隔着一层。所以王国维很推崇陶渊明、谢灵运以及苏轼的词，前二者是山水田园诗人，风格自然清新，而苏轼则直抒胸臆，这都是“不隔”。

王国维十分反感诗词创作中造作、有寄托，他倡导真情实感的流露，他甚至说：“人能于诗词中不为美刺投赠之篇，不使隶事之句，不用粉饰之字，则于此道已过半矣。”也就是说，如果一个人写诗写词，能够做到不作赞美讽刺、不用排比典故、不加刻意装饰的字，那么他对于作诗词的门径就已经懂得了一大半了。可见，真情实意对于诗词的重要性。

但是，这并不是说诗词创作不需要重视语言上的技巧，而是要以真情实感为基础，加以巧妙的表现方式，才能使诗词境界全出。王国维举了两例，北宋词人宋祁的一句“红杏枝头春意闹”，著一“闹”字而境界全出，而张先的一句“云破月来花弄影”，著一“弄”字，境界全出。前一句中，红杏本来平淡无奇，但一个“闹”字使得全句都生动起来，立刻显现出春光明媚、生机勃勃的景象。后一句中，云和月也本是平常之物，但一个“弄”字凸显了月夜的幽静。因此王国维说这两个字使得全诗“境界全出”。王国维在这里说的其实也就是中国诗词中一直讲究的“炼字”，也就是对句中的关键字，尤其是动词，进行反复地推敲和琢磨，使之能够带动全诗，起到“点睛”的作用，烘托出诗词的境界。

以上这些都是讲写景或者以景寄情，那么专门写情的诗词又如何呢？在王国维看来，喜怒哀乐都是人们心中的境界，专作情语而绝妙者也大有人在。例如顾敻的“换我心为你心，始知相忆深”、柳永的“衣带渐宽终不悔，为伊消得人憔悴”以及周邦彦的“许多烦恼，只为当时，一饷留情”，等等。诗词中以景寄情的有很多，所谓“一切景语皆情语”，而专门写情的诗词，没有景物可以依傍，所以难度很大，但是写情和写景是同样重要的，如果能够用极其简单的语句把内心真实的情感表达出来，就是上等的佳句。

此外，王国维不但反感诗词中矫揉造作、有寄托，更反感人们在欣赏解读诗词的时候强加附会。他说温庭筠的《菩萨蛮》、欧阳修的《蝶恋花》以及苏轼的《卜算子》都是兴到之作，却都被张惠言刻意附会上命意，实在是太浅陋了。王国维认为，这些绝妙的作品都是作者一时兴起，创作成词，本来并没有什么寄托，却被后人强加上寄托，反而失去了作品原有的美感，这是何其不幸的一件事啊。

作词当争第一义

【国学笔记】

★ 美成深远之致不及欧秦。唯言情体物，穷极工巧，故不失为第一流之作者。但恨创调之才多，创意之才少耳。

★ 周保绪济《词辩》云："玉田，近人所最尊奉，才情诣力，亦不后诸人，终觉积谷作米、把缆放船，无开阔手段。"又云："叔夏所以不及前人处，只在字句上著功夫，不肯换意。近人喜学玉田，亦为修饰字句易，换意难。"

【品读大师】

综观中国几千年的文学史，我们可以看到，基本上一代有一代的文学，每一种文学形式的兴盛都不算很长久。从最早的诗经开始，诗经之后有楚辞，楚辞之后是五言诗，五言诗衰落之后七言诗流行起来，之后律诗也风行了一段时间，宋代以后，则有词取而代之……正如王国维所说："一切文体，始盛终衰。"而产生这种现象的原因，在他看来是因为："盖文体通行既久，染指遂多，自成习套。豪杰之士，亦难于其中自出新意，故遁而作他体，以自解脱。"也就是说，每一种文体的衰落，归根结底就在于套路和习惯的局限，因为没有创新而逐渐失去了活力和光彩，自然也就要被新的文体取而代之。

因此，王国维提出"作词当争第一义"，他说"社会上之习惯，杀许多之善人，文学上之习惯，杀许多之天才。"文学上之习惯，即文体在经过一段时间的发展之后，形成了一定的套路，而后来的人又不注意创新，于是便局限在这旧的套路当中，反而无法表达真心、施展不出应有的才华，这就像社会上的一些恶习把本性善良的人都变坏了一样。因此，真正的天才应该摆脱这种文体的束缚，勇于求新求变，才能使诗词以及其他文体产生新的活力，不断产生出一流的文学作品。

当然，创新并不是说完全不可以借用前人的诗词，如果能够巧妙地"借古人之境为我之境界"，也能够产生一流的词作。王国维举了一例，唐朝诗人贾岛有一句名诗"秋风吹渭水，落叶满长安"，写的是思念好友之情。这句诗被周邦彦引入词中，化作"渭水西风，长安乱叶，空忆诗情婉转"，怀念当年与友人游览吟诗的场景。又被白朴引入曲中，化作"一声声，送上雕鞍，伤心故园，西风渭水，落日长安"，表达唐玄宗在安史之乱后离开长安途中的去国伤悲。这两句都将前人的诗词引用得很好，创造了自己独有的境界。同时，王国维也强调“然非自己有境界，古人亦不为我所用”，也就是说，想要借用古人的境界，先要自己胸中有境界，否则就只能生搬硬套，毫无新意。

在这里，王国维表现出了他小小的自负。他认为自己虽然在才华上比不上过去那些大文学家，但是在创新这一点上，算是比较突出的。他说“余填词不喜作长调，尤不喜用人韵，偶尔游戏，作《水龙吟》咏杨花，用质夫、东坡倡和韵，作《齐天乐》咏蟋蟀，用白石韵，皆有与晋代兴之意。”王国维说他作词不喜欢沿用别人的韵，即使是偶尔用一下苏轼、姜夔的韵，也有想要后来居上的意思，并不是一味地模仿前人。

王国维还特意提到，好友樊抗夫曾称赞他的《浣溪沙》“天末同云”一首、《蝶恋花》“昨夜梦中”“百尺朱楼”“春到临春”几首，都是“凿空而道，开词家未有之境”。王国维的这几首词究竟有没有达到这样的境界姑且不论，但总而言之，他想要强调作品的原创性，作词应当有自己的新意，写别人没有写过的景，道别人没有道过的情，才能创造出新的境界，这才是真正难能可贵之处。王国维在这里虽然说的是词，当然也包含了其他的文体，无论诗词还是散文，都应当“力争第一义”，创新既是创作的目的，也是评判的标准，唯此才能保证文学的活力，否则就会变成一潭毫无生机的死水。

李煜的眼界

【国学笔记】

★ 唐五代之词，有句而无篇。南宋名家之词，有篇而无句。有篇有句，唯李后主降宋后诸作，及永叔、子瞻、少游、美成、稼轩数人而已。

★ 尼采谓："一切文学，余爱以血书者。"后主之词，真所谓以血书者也。宋道君皇帝《燕山亭》词亦略似之。然道君不过自道生世之戚，后主则俨有释迦基督担荷人类罪恶之意，其大小固不同矣。

★ 温飞卿之词，句秀也。韦端己之词，骨秀也。李重光之词，神秀也。

【品读大师】

"春花秋月何时了，往事知多少。小楼昨夜又东风，故国不堪回首月明中。雕栏玉砌应犹在，只是朱颜改。问君能有几多愁，恰似一江春水向东流。”李煜，五代十国时南唐国君，史称李后主。开宝八年，宋军破南唐都城，李煜被俘至汴京。因感怀故国，作了这首《虞美人》，千百年来始终传诵不绝，成为千古佳作。

王国维论词特别推崇五代和北宋的词，而在五代中又特别褒赏南唐后主李煜的词，他说：“词至李后主而眼界始大，感慨遂深，遂变伶工之词而为士大夫之词。”所谓“伶工之词”指的是隋唐时期的早期的词，大部分是为乐工、伶人所作，后来虽然有晚唐五代的温庭筠、韦庄等花间派词人崛起，但大部分也还是为歌楼传唱之用的艳词。而到了李煜，由于身经从皇帝到囚徒“天上人间”般的变故，凄凉悲愤之感齐涌心头，以其深厚的文学艺术修养为基础，作词抒发内心的情感，因此王国维认为李后主词的成就是花间词派其他人所无法比拟的。清朝常州词派作家周济曾把李煜的词排在温庭筠和韦庄之下，在王国维看来简直就是颠倒黑白，他愤然反问道，温庭筠的《金荃集》、韦庄的《浣花词》能有“自是人生长恨水长东”“流水落花春去也，天上人间”这样的气象吗？

李煜的词之所以能有如此高深的境界，在王国维看来有两点原因。首先，他认为，词人应该是没有失去赤子之心的人。赤子，即婴儿，赤子之心也就是像婴儿般自然纯真、毫无造作之心。而李后主正是这样的人，他说“故生于深宫之中，长于妇人之手，是后主为人君所短处，亦即为词人所长处。”李后主因为从小生长在深宫大院之中，没有沾染上世俗的习气，还能够保有一颗赤子之心，因此他的词平淡而又纯真，毫无遮掩地流露内心的真实情感。王国维曾把诗人分为两种，客观之诗人与主观之诗人，前者是指描写客观世界的诗人，例如《水浒传》《红楼梦》的作者，客观之诗人需要多阅世，历世越深，对世情的洞见就越深，材料也越丰富，才能写出好作品。而主观之诗人，抒写自己的内心情感，不需要有很多阅历，而且最好不要有很多阅历，这样才能避免外界的影响和干扰，抒发自己最真实的情感，所谓“阅世愈浅，则性情愈真”，李后主也就是这样的人。

然而，光有一颗赤子之心还不足以成就李煜的词，他的词，尤其是晚期的词，之所以能够具有如此大的感染力，在于他的作品中饱含的沧桑之感。王国维说：“后主之词，真所谓以血书者也。”李煜后期的词，感慨深沉、真情激荡，正是由于经历了巨大的变故，所以身事、家事、国事涌上心头、流于笔端，才有如此高深的境界。宋徽宗赵佶的与李煜有几分相似，两人作为皇帝，可以说是失败透顶，但在艺术上，却又有非凡的才华。宋朝国土被金人侵略，宋徽宗被金兵俘虏，流落异域，他的“天遥地远，万水千山，知他故宫何处”等亦是名句。王国维将二者的词比较认为，二人虽然经历相似，但词的境界却截然不同。宋徽宗的词固然伤痛哀咽，但只是倾诉自己的身世苦难，而李后主的词则饱含家国之感，而且多有自叹自责之意，李后主词的眼界之高，也正在于此。

苏辛之狂

【国学笔记】

★ 稼轩《贺新郎》词“送茂嘉十二弟”，章法绝妙。且语语有境界，此能品而几于神者。然非有意为之，故后人不能学也。

★ 学幼安者率祖其粗犷、滑稽，以其粗犷、滑稽处可学，佳处不可学也。幼安之佳处，在有性情，有境界。即以气象论，亦有“横素波、干青云”之概，宁后世龌龊小生所可拟耶？

★ 咏物之词，自以东坡《水龙吟》最工，邦卿《双双燕》次之。白石《暗香》《疏影》，格调虽高，然无一语道著，视古人“江边一树垂垂发”等句何如耶？

【品读大师】

王国维推崇五代和北宋的词，而在南宋词人当中独推辛弃疾的词，他说：“南宋词人，白石有格而无情，剑南有气而乏韵。

其堪与北宋人颉颃者，唯一幼安耳。”他认为姜夔的词，虽然格调高妙，但是意境不足，而陆游的词虽然气势轩昂，但在韵律上下的工夫不够，稍显粗豪。而唯一既有真性情，又在语言上达到一定高度的只有辛弃疾。而且他说，辛弃疾的风格后人都学不来，后人只学得了他的粗犷，却没有他那样的胸怀抱负，因此只能为了粗犷而粗犷，却没有真性情。

苏轼的词也是如此。王国维评价说：“东坡之词旷，稼轩之词豪。无二人之胸襟而学其词，犹东施之效捧心也。”苏轼受庄子的影响比较大，虽然际遇坎坷，但一生旷达，被排挤也好、被贬谪也罢，都能够坦然面对，他喜欢直接表达自己的感慨，歌颂自然、思考人生，因此，王国维说苏轼词旷。辛弃疾稍有不同，二十几岁参加抗金义军，出入于刀林箭雨之中，一生力主抗金，但始终不得一展抱负，于是一腔忠愤只能发于词中，正如周济所说：“敛雄心，抗高调，变温婉成悲凉。”因此王国维说他的词豪。在他看来，苏辛二人词的境界，皆是源于他们个人胸怀和境界，后人学不好，就像东施效颦一样可笑。

姜夔是辛弃疾的好友，也是南宋有名的词人。王国维在《人间词话》中也多次提到姜夔的词，以及拿姜夔的词与苏辛的词作比较。他曾赞赏姜夔的词说：“古今词人格调之高，无如白石。”格调指的是词的音调和韵律，姜夔因为精通音律，所以能够自创新声，所以王国维推他为古今词人格调第一，然而如果与苏辛相比，则略逊一筹。他说：“白石虽似蝉脱尘埃，然终不免局促辕下。”姜夔为人清高，他的词也是风格高秀、清新峻拔，因此王国维说他的词如蝉蜕壳一样脱离污浊，但是因为没有苏辛那样的“雅量高致”，所以仍然像车辕下的马一样局促狭窄。

然而，在王国维看来，除了姜夔之外也就没有人可以同苏辛相比了。他说：“苏辛，词中之狂。白石犹不失为狷。若梦窗、梅溪、玉田、草窗、西麓辈，面目不同，同归于乡愿而已。”“狂”原指无所畏忌、豪放不羁的性情，论词也就是不为格律所束缚，胸中激荡之情奔涌而出。“狷”原指狷洁，洁身自好，论词也就是清静无为而不失操守。“乡愿”则是指循规蹈矩、明哲保身，论词也就是亦步亦趋，没有自己的特点。王国维把苏辛的词归为“狂”，属于一流的作品，把姜夔的词归为“狷”，稍次一等，而宋末的词人吴文英、史达祖等人的词目光短浅，只能归为“乡愿”一类。

我们无法判断王国维的这番评价是否有失公允，总之王国维想表达诗人本身的胸襟和境界的重要性，诗词的境界来自于诗人的境界，他一再强调诗词要以真性情为重，因此诗词的境界直接与作家的胸襟相关，这也就是为什么后人学苏辛，始终貌合神离的根源所在。

第七章　一代元曲吟风流

元剧文章可当一代之文学

【国学笔记】

★ 知我国戏剧，汉魏以来，与百戏合，至唐而分为歌舞戏及滑稽戏两种。宋时滑稽戏尤盛，又渐藉歌舞以缘饰故事，于是向之歌舞戏，不以歌舞为主，而以故事为主。至元杂剧出而体制遂定。南戏出而变化更多。于是我国始有纯粹之戏曲；然其与百戏及滑稽戏之关系，亦非全绝。

★ 元剧自文章上言之，优足以当一代之文学。又以其自然故，故能写当时政治及社会之情状，足以供史家论世之资者不少。又曲中多用俗语，故宋金元三朝遗语，所存甚多。辑而存之，理而董之，自足为一专书。此又言语学上之事，而非此书之所有事也。

【品读大师】

过去，戏曲演员曾被称为“戏子”，这一明显带有轻视意味的称呼暗示着他们地位低下、不受尊重。在中国封建末期的正统文化史家的眼里，戏曲是微不足道的，正如王国维在《宋元戏曲史》序里写的：“故两朝史志与《四库》集部，均不著于录；后世儒硕，皆鄙弃不复道”，导致“一代文献，郁堙沈晦者且数百年”。王国维曾说：“吾中国文学之最不振者，莫戏曲若”，他认为戏曲没有得到应有的重视，因此奋力修戏曲史，认为“元剧自文章上言之，优足以当一代之文学”，公正地给了戏曲文学以应有的历史地位。

首先，王国维认为，一代有一代之文学，例如楚辞、汉赋、唐诗、宋词，这些都是大家公认的，然而“余谓律诗与词，固莫盛于唐宋，然此二者果为二代文学中最佳之作否，尚属疑问。若元之文学，则固未有尚于其曲者也”，也就是说，若论诗词，当然要数唐宋两代的最为兴盛，但诗词未必是唐宋两代最优秀的作品。但在元代，除了元曲之外，就没有其他任何文学形式能够超过它了。从这个角度看，元剧文章可当一代之文学。

再者，从文学的角度来说，元曲与楚辞、汉赋、唐诗、宋词等相比也毫不逊色。论文学，必须以文本为依据。论戏曲，自然也必须以剧本为依据。从文学的角度，王国维以“自然”和“有意境”亮点推崇元曲，认为元曲足以与楚辞、汉赋、唐诗、宋词并称为“一代之文学”，“往者读元人杂剧而善之，以为能道人情，状物态，词采俊拔，而出乎自然，盖古所未有而后人所不能仿佛也”。

王国维不但给予元曲以一代之文学的地位，而且认为“后世莫能继焉者”，在他看来，元以后的戏曲都不可与元曲同日而语。在王国维看来，明代的杂剧，例如朱有燉的作品，“元人生气，至是顿尽”，也就是说，明代朱有燉的作品还有一点元曲的生气，再往后就没有了。至于王九思、康海、徐渭等人的作品，更是鲜有动人之处，差元曲差得更远了，其他人的更无从谈起。在说南曲，明代的南曲传奇，首推沈璟和汤显祖，然而沈璟的文章虽然以合律著称，却庸俗不足道，汤显祖诚然文采隽永，但与元曲相比，显然有人工与自然的区别。因此他说：“北剧南戏限于元代，非过为苛论也。”

因此，王国维为戏曲修史只到元曲为止，不屑于编纂明清戏曲史，而且在《宋元戏曲史》之后就不再碰戏曲了，迅速转向了古史之学。1925年，日本学者青木正儿到清华园拜访王国维，竭力称赞《宋元戏曲史》，并说自己想续写明以后的戏曲史，王国维先是谦称“我的书微不足道”，然后不客气地说：“但是明以后的戏曲没什么意思。元曲是活的，明以后的戏曲是死的。”可见元曲在王国维心目中可谓是前无古人后无来者的一代之绝响。

20世纪初，戏曲在中国文学史学者的心目中还没有获得应有的地位，而王国维的《宋元戏曲史》的出版，为元曲在中国文学史上正式确立了地位。在此之后，戏曲大受中国文学界的关注，而且很快作为一个独立的学科加以研究。试想，如果没有王国维当初的这番努力，戏曲或许早就淡出了人们的视野，我们今天也就再也无法欣赏到《窦娥冤》《西厢记》这些绝美的曲目了。

元曲，中国最自然之文学

【国学笔记】

★ 然元剧最佳之处，不在其思想结构，而在其文章。其文章之妙，亦一言以蔽之，曰：有意境而已矣。何以谓之有意境？曰：写情则沁人心脾，写景则在人耳目，述事则如其口出是也。古诗词之佳者，无不如是。元曲亦然。明以后，其思想结构尽有胜于前人者，唯意境则为元人所独擅。

★ 盖元剧之作者，其人均非有名位学问也。其作剧也，非有藏之名山，传之其人之意也。彼以意兴之所至为之，以自娱娱人。关目之拙劣，所不问也；思想之卑陋，所不讳也；人物之矛盾，所不顾也。彼但摹写其胸中之感想与时代之情状，而真挚之理与秀杰之气，时流露于其间。故谓元曲为中国最自然之文学，无不可也。若其文字之自然，则又为其必然之结果，抑其次也。

【品读大师】

元曲与唐诗、宋词鼎足并举，是中国文学史上的一朵奇葩，然而在王国维的时代，元曲并没有受到足够的重视。王国维著《宋元戏曲史》，对宋元两代的戏曲进行了深刻仔细的研究，对元曲着墨最多，对元曲评价极高。在王国维看来，元曲最大的特色就在于“自然”而“有意境”。他说：“元曲为中国最自然之文学”，又说：“元曲之佳处何在？一言以蔽之，曰：自然而已矣。”对此，他举了元曲中许多文词段落加以证实，例如马致远的《汉宫秋》第三折：

〔梅花酒〕呀！对着这迥野凄凉，草色已添黄，兔起早迎霜，犬褪得毛苍，人搠起缨枪，马负着行装，车运着餱粮，打猎起围场。他他他伤心辞汉主，我我我携手上河梁。他部从，入穷荒；我銮舆，返咸阳。返咸阳，过宫墙，过宫墙；绕回廊；绕回廊，近椒房；近椒房，月昏黄；月昏黄，夜生凉；夜生凉，泣寒螀；泣寒螀，绿纱窗；绿纱窗，不思量。

〔收江南〕呀！不思量，便是铁心肠，铁心肠也愁泪滴千行；美人图今夜挂昭阳，我那里供养，便是我高烧银烛照红妆。

〔尚书云〕陛下回銮罢，娘娘去远了也。（驾唱）

〔鸳鸯煞〕我煞大臣行，说一个推辞谎，又则怕笔尖儿那火编修讲。不见那花朵儿精神，怎趁那草地里风光。唱道伫立多时，徘徊半晌，猛听的塞雁南翔，呀呀的声嘹亮，却原来满目牛羊，是兀那载离恨的毡车半坡里响。

《汉宫秋》写的是汉元帝与王昭君的故事，汉元帝深夜偶然听到昭君弹琵琶，爱其美色，将她封为明妃。而画工毛延寿将昭君画像献给呼韩邪单于，让他向汉王索要昭君为妻。元帝舍不得昭君和番，但满朝文武怯懦自私，无力抵挡匈奴大军入侵，昭君为免刀兵之灾自愿前往，最终因不舍故国，在汉番交界的黑龙江里投水而死。

第三折写的是汉元帝为昭君送行，一直望着昭君的背影，久久不肯离去，返咸阳、过宫墙、绕回廊、近椒房，每一步都浸着心痛和思恋之情。〔梅花酒〕一曲，作者运用回环往复的手法，将汉元帝凄婉的神情表现得淋漓尽致。王国维评价说："真所谓写情则沁人心脾，写景则在人耳目，述事则如其口出是也。"

此外，王国维认为元曲的"自然"还在于它用词上的特点，古代文学形容事物都用古语，完全没有用俗语的，而且所用的字数也不多。唯独元曲因为可以用衬字，所以在描写事物时用了许多俗语或者自然的声音来形容，使得文章非常自然真切。

王国维论词，讲求自然真切，论曲亦是如此。在王国维看来，戏曲追求自然，看似不避粗卑，却能达到更高的艺术境界。元曲的作者，大多是一些地位、学问都不太高的人，没有多少避讳，可以说真话、写真容，意兴所至，创作一番，以自娱娱人，而"真挚之理与秀杰之气，时流露于其间"，由此产生了中国最自然之文学。

关、白、马、郑

【国学笔记】

★ 元代曲家，自明以来，称关、马、郑、白。然以其年代及造诣论之，宁称关、白、马、郑为妥也。关汉卿一空倚傍，自铸伟词，而其言曲尽人情，字字本色，故当为元人第一。白仁甫、马东篱，高华雄浑，情深文明；郑德辉清丽芊绵，自成馨逸，均不失为第一流。其余曲家，均在四家范围内。

【品读大师】

元代四大戏曲家，明朝以来都称“关、马、郑、白”，也就是关汉卿、马致远、郑光祖、白朴。王国维认为这个排名不妥，在他看来应该称“关、白、马、郑”。王国维认为这四人各有特色，若以唐诗喻之，则关汉卿就好比白居易，而白朴则好比刘禹锡，马致远好比李义山，而郑光祖就好比温庭筠。若以宋词喻之，则关汉卿好比柳永，白朴好比苏东坡，马致远好比欧阳修，而郑光祖好比秦少游。

四人当中，王国维特别推崇关汉卿，他说："关汉卿一空倚傍，自铸伟词，而其言曲尽人情，字字本色，故当为元人第一"，特别是关汉卿的《窦娥冤》，"即列之于世界大悲剧中，亦无媿色也。"《窦娥冤》写一个无依无靠的寡妇窦娥，先是被地痞流氓欺负，后被人诬陷"药死公公"，处以斩首示众，窦娥在临刑前指天为誓，死后果然六月飞雪、大旱三年。"有日月朝暮悬，有鬼神掌着生死权。天地也只合把清浊分辨，可怎生错看了盗跖颜渊？为善的受贫穷更命短，造恶的享富贵又寿延，天地也做得个怕硬欺软，却原来也这般顺水推船。地也，你不分好歹何为地？天也，你错勘贤愚枉做天！哎，只落得两泪涟涟。"第三折中的这一曲，通过窦娥血泪的控诉，引起人们对封建社会的现实秩序与传统观念的怀疑，把窦娥悲剧的意义升华到一个新的高度。

白朴的杂剧题材多出自历史传奇，剧情多为才人韵事。例如著名的《唐明皇秋夜梧桐雨》，讲述安禄山造反后，唐明皇仓皇幸蜀。行至马嵬驿时，大军不前，陈玄礼请诛杨国忠兄妹。唐明皇只得命贵妃自缢于佛堂中。返回长安后，一日梦中相见贵妃，后为梧桐雨声惊醒，追忆往事，不胜惆怅之至。与关汉卿相比，白朴的生活圈子比较局限，因此，他不可能从社会下层提炼素材，然而他善于利用历史题材敷衍故事，词采优美、情意深切绵长，又是关汉卿所不及的。王国维在《人间词话》中称赞此剧说："白仁甫《秋夜梧桐雨》剧，沈雄悲壮，为元曲冠冕。"

马致远从事杂剧创作的时间很长，名气也很大，有"曲状元"的美誉，闻名的作品有《汉宫秋》《江州司马青衫湿》等。马致远同时也是一代散曲大家，"枯藤老树昏鸦，小桥流水人家，古道西风瘦马。夕阳西下，断肠人在天涯。"马致远的这首小令《天净沙·秋思》脍炙人口，已成绝响。王国维评价此曲道："寥寥数语，深得唐人绝句妙境。有元一代词家，皆不能办此也。"

郑光祖的杂剧在当时"名闻天下，声振闺阁"，王国维说他"清丽芊绵，自成馨逸"，与关、马、白"均不失为第一流"。郑光祖在《倩女离魂》一剧中，成功地塑造了一个对爱情忠贞不渝，感情真挚热烈的少女形象，因而使这一剧堪与《西厢记》相媲美。郑光祖在描写人物内心活动方面独具一格，清人梁廷枏在《曲话》中称赞此剧曲辞是"灵心慧舌，其妙无对"，王国维则认为："如弹丸脱手，后人无能为役。"

当然，除了关、白、马、郑之外，还有许许多多为后世留下优秀作品的元曲作家，其中留有姓名、曲作的共有二百二十多人，流传至今的作品有四千五百多首，这些作品不但是珍贵的文学财富，而且由于其自然真切地描绘了当时政治、社会的现状，因此又可以作为了解元代历史的宝贵资料，元曲在中国文化中的重要性在此也可见一斑。

第四卷

鲁迅谈小说与文学史

他出现在我们的视野里，似乎总是穿着一件朴素的中式长袍，挺拔的站姿，头发也像刷子一样直竖着，浓密的胡须形成了一个隶书的“一”字。人们说他是伟大的无产阶级文学家、思想家、革命家，是“五四”运动的先驱和中国现代文学的奠基人，也说他是“民族魂”——而他说自己是鲁迅。

鲁迅，原名周樟寿，后改名周树人，字樟寿，号豫才，“鲁迅”是他的一个笔名。1881年9月25日，鲁迅出生于浙江绍兴都昌坊口一个封建士大夫家庭，12岁在三味书屋跟随镜吾老先生学习，他勤学好问，博闻强记，课余喜欢阅读野史笔记及民间文学书籍。1902年，他考取官派日本留学，原学医，企图改变国民体质。1906年，鲁迅有感于国内同胞的愚弱，认识到改变国民精神的重要性，便毅然弃医从文，以笔作为自己救国救民的战斗武器。1918年5月，他在《新青年》杂志上首次以“鲁迅”为笔名发表了文学史上第一篇白话小说《狂人日记》，它奠定了新文化运动，推进了现代文学的发展。1920年，鲁迅出任北京大学及北京高等师范学校讲师。1926年8月，因支持北京学生爱国运动，鲁迅被当局通缉，遂南下到厦门，担任厦门大学中国文学系教授，同时兼国学院教授。1927年初，鲁迅又转赴当时的革命中心广州，担任了中山大学中文系主任，同时兼任教务主任，一边从事教育和文学创作，一边投入新的战斗。“四一二”事变以后，愤而辞去中山大学的一切职务。1927年10月到达上海。从此定居下来，集中精力从事革命文艺运动。1936年10月19日，鲁迅在上海大陆新村寓所与世长辞，终年55岁。

鲁迅在小说、散文、散文诗、论文、杂文等多种文体都有涉猎，给我们留下了《呐喊》《坟》《热风》《彷徨》《野草》《朝花夕拾》《华盖集》《华盖集续编》《故事新编》等专集。鲁迅先生不仅是作家，同时也是学者，尤其是在小说史和古典小说评论上有很多精辟独到的见解。他搜集、研究、整理了大量古典文学，批判地继承了中国古代文化遗产，编著《中国小说史略》《汉文学史纲要》，整理《嵇康集》，辑录《会稽郡故书杂录》《古小说钩沈》《唐宋传奇录》《小说旧闻钞》等。

鲁迅的小说开中国人治小说史之先河。他说：“中国之小说自来无史；有之，则先见于外国人所作之中国文学史中，而后中国人所作者中亦有之，然其量皆不及全书之什一，故于小说仍不详。”作为小说的创作者鲁迅在中国小说史研究领域中有非凡的造诣，1924年7月，鲁迅前往西安讲学，当时的讲稿《中国小说历史之变迁》可以看作《中国小说史略》的提要。它钩玄提要，浓缩精华，更为清晰地理出了中国小说历史发展的脉络，强调了造就新文化、批判旧文化，坚持进化、反对复古，取其精华、弃其糟粕的主导思想，并提出了一些新观点、新例证，是一部具有高度学术价值的作品。而1930年出版的《中国小说史略》不仅打破了中国小说自来无史的局面，而且构建了中国古代小说发展史和评论的新理论体系，开创了小说史研究的新格局。它的卓越成就，直到今天还不曾失去固有的光彩。鲁迅一生中几十年如一日地勤奋学习、严谨的治学态度和唯实的治学方法正是他著作等身的原因。也是他才华超众、学识渊博，能灵活自如地运用自己的知识为我们提供极其丰富的精神食粮的原因。

第八章 小说的历史变迁

从神话到神仙传

【国学笔记】

★ 上古的神话传说，有形象，有故事，可供原始人民在劳动之余“消造闲暇”，具有小说的某些要素。但鲁迅认为，它并不是一种纯粹的小说体裁，而是一种原始混沌的意识形态，既是“昔之初民”对于天地万物的“解释”，又是“宗教之萌芽，美术所由起”，同时也是“文章之渊源”。

★ 中国神话之所以仅存零星者，说者谓有二故：一者华土之民，先居黄河流域，颇乏天惠，其生也勤，故重实际而黜玄想，不更能集古传以成大文。二者孔子出，以修身齐家治国平天下等实用为教，不欲言鬼神，太古荒唐之说，俱为儒者所不道，故其后不特无所光大，而又有散亡。

【品读大师】

什么是小说？在语文课上学到的定义是这样的：小说是指在

语言文学艺术序列中和散文、诗歌、戏剧并列的一种文学创作体裁。它是以塑造人物形象为中心，通过完整合理的故事布局和深刻的环境描写反映社会生活的文学艺术作品。

“小说”一词最早见于《庄子·外物》：“饰小说以干县令，其于大达亦远矣。”“县”是高，这里指高名；“令”是美，这里指美誉；“干”是追求。整句话的意思是说：“靠修饰琐屑的言论以求高名美誉，那和玄妙的大道相比，可就差得远了。”在鲁迅眼里，庄子谈及的“小说”意思是琐屑浅薄的言论与小道理，这和后世所谓的小说并不相同。因为从庄子的角度看孔子、杨子、墨子各学派的学说，都可以称为小说；反之，其他诸家对庄子的学说，也可以认为是小说。

那么，作为受众最广泛的文学形式之一，小说是如何起源与发展的呢？

东汉班固在《汉书·艺文志》中写道：“小说家者流，盖出于稗官。街谈巷语，道听途说者之所造也。”鲁迅认为这才近似现代小说的意义，不过其实质是古时那些专给帝王搜集街谈巷语的稗官采集一般小民所谈的小话以考察国情民风，虽没有现代小说的社会价值，但可作为小说书的起源。显然，小说内容的起源就是“街谈巷语”。

鲁迅分析道：人们在休息时，会寻找一种事情以消遣闲暇。这种事情，就是彼此谈论故事，而这谈论故事，正就是小说的起源，而最早的故事就是神话。原始居民住在野外的洞穴里，看到天地万物的变化——如风、雨、地震等——不是人力所能够捉摸或者抵抗，很是惊怪，所以认为有一个主宰万物者存在，并拟名为神。人们想象神的生活、行为，便成了“神话”，例如盘古开天辟地、精卫填海的神话故事。从神话演进，故事渐渐趋近于人性，出现的大多是“半神”，古代那些能够建立大功的英雄，都拥有凡人所没有的才能，而是由于天授，例如大禹治水变成熊，后羿射日，都是和凡人不同的。这些口传，即是我们所说的“传说”。由此再演进，则正事归为正史，逸史变为小说了。

遗憾的是，中国神话的数量很少，并且没有长篇神话著作，只能从古书上得到一点，如《山海经》《穆天子传》等。除去少量短篇的上古神话，先秦两汉时期并没有真正意义上的小说，当时称为小说的作品经过鲁迅及其前人的考证，就只有西汉刘向的《列仙传》才是真的小说，虽然刘向当时并非有意作小说，而是当做真实事情做的，不过以现在的眼光看，只能当做小说来读了。至于《汉书·艺文志》中所载的小说目录如今早已遗失，而且经过考证，也并不是真正的小说。

这样，小说从神话中萌芽，渐渐发展为神仙列传。东晋的葛洪又作了《神仙传》，对于后来的思想及小说，很有影响。到六朝、唐宋时期小说发展更快了些，这些将在后面进一步阐述。

志怪与志人

【国学笔记】

★ 六朝的志怪小说，除《博物志》《异苑》以外，还有干宝的《搜神记》，陶潜的《搜神后记》。但《搜神记》大多佚失，现在所存的是明人辑各书引用的话再加别的志怪书而成，是一部半真半假的书籍。至于《搜神后记》，也是记录怪异的事，但陶潜生性旷达，未必会写那种书，大概是别的人托他的名而写。

★ 《世说》是纂辑自后汉至东晋的旧文而成的，是志人小说的代表作，比它更早的有《语林》《郭子》《笑林》，不过都已经遗失了。所以后人对于《世说》看得更贵重，后来模仿的也更多，从刘孝标的《续世说》（见《唐志》）一直到清代王晫所做的《今世说》，以及易宗夔所做的《新世说》等，都是仿《世说》的书。

【品读大师】

先秦两汉之后的魏晋南北六朝时期，志怪小说与志人小说产生并盛行。

志怪，就是记录怪异。作为中国古典小说形式之一，志怪小说的主体内容是记叙神异鬼怪故事传说，它们多数来源于巫和方士的奇谈怪论。

鲁迅认为，中国人从来都相信鬼神，但鬼神与人是隔离的，所以就有巫出现帮人和鬼神相通。到后来巫又分化出方士这个支派，方士主要研究炼金及求仙。从秦汉到六朝，巫风盛行，所以志怪之书特别多，如《博物志》上说："燕太子丹质于秦，……欲归，请于秦王。王不听，谬言曰，'令乌头白，马生角，乃可。'丹仰而叹，乌即头白，俯而嗟，马生角。秦王不得已而遣之……"（卷八《史补》）这完全是怪诞的说法，是受了方士思想的影响。再比如刘敬叔的《异苑》上说："义熙中，东海徐氏婢兰忽患羸黄，而拂拭异常，共伺察之，见扫帚从壁角来趋婢床，乃取而焚之，婢即平复。"（卷八）这可见六朝人视一切东西都能成妖，这正就是巫的思想，即所谓"万有神教"。

此外，印度思想的传入也是鲁迅所认为的六朝人志怪思想发达的原因。晋、宋、齐、梁四朝，佛教盛行，翻译的佛经中夹杂很多鬼神奇异之谈，所以中、印两国的鬼怪被融入当时的小说里，使其更加丰富起来，如《续齐谐记》见《太平广记》中记载的阳羡鹅笼的故事：

“阳羡许彦于绥安山行，遇一书生，……卧路侧，云脚痛，求寄鹅笼中。彦以为戏言，书生便入笼，……宛然与双鹅并坐，鹅亦不惊。彦负笼而去，都不觉重。前行息树下，书生乃出笼谓彦曰：‘欲为君薄设。’彦曰：‘善。’乃口中吐出一铜奁子，中具肴馔。……酒数行，谓彦曰：‘向将一妇人自随，今欲暂邀之。’……又于口中吐一女子，……共坐宴。俄而书生醉卧，此女谓彦曰：‘……向亦窃得一男子同行，……暂唤之……’……女子于口中吐出一男子……”

鲁迅认为这种思想不是中国所故有的，是完全受了印度思想的影响。从这一点，我们可以了解到志怪小说和印度有着怎样的关联了。

上面我们讲述了六朝时的志怪小说，现在再来说说志人小说。

志人，是指守志隐逸的人。如晋朝葛洪在《抱朴子·逸民》说：“凡所谓志人者，不必在乎禄位，不必在乎勋伐也。”志人小说就是专门记述那些志人的传闻轶事的一种杂录体小说，又称清谈小说、轶事小说，数量上仅次于志怪小说。

鲁迅在论著《中国小说的历史的变迁》中以刘义庆的《世说新语》为代表，对志人小说的产生背景进行了分析。先来看看《世说新语》中的两段话：

“阮光禄在剡，曾有好车，借者无不皆给。有人葬母，意欲借而不敢言。阮后闻之，叹曰：‘吾有车而使人不敢借，何以车为？’遂焚之。”（卷上《德行篇》）

“刘伶恒纵酒放达，或脱衣裸形在屋中。人见讥之，伶曰：‘我以天地为栋宇，屋室为 衣，诸君何为入我 中？’”（卷下《任诞篇》）

鲁迅认为，这就是晋人的风度，虽然以我们现在的眼光，阮光禄和刘伶的行径挺奇特的，但在晋人眼中却是很正常的。由于汉末政治黑暗，名士议论政事会被执政者忌讳，如孔融、祢衡等都被曹操设法害死，所以晋代名士就不敢再议论政事，而转为专谈玄理；清议而不谈政事，这就是所谓的清谈。奇特的举动和玄妙的清谈就是晋时最受推崇的。

对于志怪小说和志人小说在小说史上的地位，鲁迅认为：六朝人并非有意作小说，因为他们看鬼事和人事，是一样的，统一当做事实；所以《旧唐书》《艺文志》，把志怪的书并不归为小说，而是归入历史的传记一类，一直到了宋欧阳修才把它归到小说里。他还在《中国小说史略》说道：“记人间事者已甚古，列御寇、韩非皆有录载，惟其所以录载者，列在用以喻道，韩在储以论政。若为赏心而作，则实萌芽于魏而盛大于晋。虽不免追随俗尚，或供揣摩，然要为远实用而近娱乐矣。”这里提出的观点很重要，即志怪与志人小说，仍然有记录史实、供人揣摩的目的，但欣赏和娱乐的特点已经很强。

而正是志怪与志人小说语言简练朴素、生动优美、言约旨丰，以及在运用典型细节描写和对比衬托手法来刻画人物某项性格特征方面表现出来的艺术特点，极大地影响了后世小说的形式与风格。

传奇文的进步

【国学笔记】

★ 再唐人的小说，不甚讲鬼怪，间或有之，也不过点缀点缀而已。但也有一部分短篇集，仍多讲鬼怪的事情，这还是受了六朝人的影响，如牛僧孺的《玄怪录》，段成式的《酉阳杂俎》，李复言的《续玄怪录》，张读的《宣室志》，苏鹗的《杜阳杂编》，裴铏的《传奇》等，都是的。然而毕竟是唐人做的，所以较六朝人做的曲折美妙得多了。

★ 小说亦如诗，至唐代而一变，虽尚不离于搜奇记逸，然叙述宛转，文辞华艳，与六朝之粗陈梗概者较，演进之迹甚明，而尤显者乃在是时则始有意为小说。

【品读大师】

传奇文以其情节奇特而得名，一般用以指唐、宋人用文言文的短篇小说。鲁迅这样评价唐代传奇文："六朝时之志怪与志人的文章，都很简短，而且当做记事实；及到唐时，则为有意识的作小说，这在小说史上可算是一大进步。而且文章很长，并能描写得曲折，和前之简古的文体，大不相同了，这在文体上也算是一大进步。"可见，小说到了唐代，有了很大变迁。

唐初时，小说是正经文人很瞧不上眼的，被贬称为"传奇体"，不同于现在"传奇"的意思。不过那种传奇小说，大多都没有了，鲁迅只从宋初的《太平广记》（搜集从六朝到宋初的小说而成）中的收录得到了唐初传奇小说的大概——

王度写的《古镜记》，自述得到一面神镜引发的许多奇事，没有摆脱六朝志怪的影响，只是文章较长。无名氏写的《白猿传》，说的是梁大同末年大将欧阳纥率军南征到长乐时，一个白猿精掠去了他的妻子，其妻被救回之后生下了一个外貌像猴类的儿子。在内容上沿袭六朝志怪小说遗风，但比稍前的《古镜记》结构完整、情节曲折、描写也颇为生动，在唐代传奇艺术成熟过程中有一定的历史地位。另外，《白猿传》开了唐人以小说诬蔑他人的风气。因为，欧阳纥是唐初著名书法家欧阳询的父亲，因为欧阳询貌似猕猴，《白猿传》是为嘲讽欧阳询而做的。

到了武则天时代，张鷟写了《游仙窟》，首创用骈体写小说，是一个特别的作品。但《游仙窟》在中国早已佚失，只在日本有留存。由于张鷟在当时很有文名，外国人到中国来，常以重金买他的文章带回本国去。

到了开元、天宝之后，传奇小说盛极一时。鲁迅认为这是因为当时文化环境的变化才发生的。唐代学生考试前，“行卷”非常重要，就是拿自己得意的诗作去拜谒当时的名人，如果能得称赞，就有了及第的希望。到开元、天宝以后，诗渐渐不受人喜爱了，有人就把小说也放在行卷里，居然也可以得名。所以从前看不起小说的，也都来写小说了，小说一下子就盛行了。

例如，对后世很有影响的沈既济的《枕中记》就作于开元年间，其内容是说：有个卢生，在去邯郸的路上感叹失意，遇到吕翁并得赠一个枕头，他枕着枕头睡去，却在梦里历尽荣华，在梦中老死时他醒过来却发现还不到煮熟一锅饭的时间。——鲁迅说这是劝人不要躁进，把功名富贵，看淡些的意思。明代汤显祖的《邯郸记》、清代蒲松龄的《聊斋·续黄粱》，都是从《枕中记》演绎的。还有陈鸿的《长恨歌传》和白行简的《李娃传》也被后世取材进行再创作。

鲁迅认为唐代传奇文的作者中，对后世影响最大的是元稹和李公佐。

元稹，字微之，小说著作只有《莺莺传》，但影响很大，后来许多曲子，都出自此处，如董解元（金）的《弦索西厢》（弹唱）、王实甫（元）的《西厢记》、关汉卿（元）的《续西厢记》，李日华（明）的《南西厢记》，陆采（明）的《南西厢记》，等等，非常之多。

李公佐，字颛蒙，著作多，影响也很大。其著作传奇现存有《南柯太守传》《谢小娥传》《庐江冯媪传》《李汤》4篇，都是广为流传的名篇。如汤显祖（明）的《南柯记》就是取自《南柯太守传》；李复言的《续玄怪录》中的《妙寂尼》、凌濛初（明）的《初刻拍案惊奇》中《李公佐巧解梦中语 谢小娥智擒船上盗》和王夫之（清）的杂剧《龙舟会》都取材于《谢小娥传》；吴承恩在《西游记》中所写孙悟空的72变则受《李汤》中淮涡水神无支祁的影响。

唐传奇文中的故事，后来都移到了曲子里，如《红线女》《红拂记》《虬髯翁》等都出于唐传奇文，因此间接传遍了社会，至于传奇文本身，则和唐朝的灭亡一起消失了。

平民娱乐的白话小说

【国学笔记】

★ 唯有小说，是说话中最难的一科，所以说话人“最畏小说，盖小说者，能讲一朝一代故事，顷刻间提破”（《都城纪胜》云；《梦粱录》同，唯“提破”作“捏合”），非同讲史，易于铺张；而且又须有“谈论古今，如水之流”的口辩。

★ 鲁迅对《京本通俗小说》中“得胜头回”的套路进行了总结：

以略相关涉的诗词引起本文，如卷十用《春词》十一首引起延安郡王游春。

以相类之事引起本文。如卷十四以王莽引起王安石。

以较逊之事引起本文。如卷十五以魏生因戏言落职，引起刘贵因戏言遇大祸。

以相反之事引起本文。如卷十三以王处厚照镜见白发的词有知足之意，引起不伏老的张士廉以晚年娶妻破家。

【品读大师】

鲁迅研究宋朝的小说史时指出：“宋时理学盛极一时，因之把小说也多理学化了，以为小说非含有教训，便不足道。”他认为宋朝士大夫对小说的贡献，只在于当时朝廷的号召下编《太平广记》一书，搜集了自汉至宋初的琐语小说，共五百卷，可以说是集小说之大成。而在创作方面，忙于讲理学的士大夫们是鄙视小说的，倒是社会上另有一种平民的小说新兴而起，这就是宋代的平民为了娱乐的白话小说。

鲁迅是第一个全面研究宋元白话小说的人，他对宋人文言短篇小说评价不高，但对宋人白话小说特别重视，说过“唯白话小说虽不始于宋，然实为宋人‘说话’而发扬”的话。关于宋元白话小说的起源，他指出白话小说的最初形态出之于“说话”，同时也认为至少唐代已有了“说话”。这个观点得到比较普遍的认同。

宋朝建都于河南开封，当地安乐富庶，民间娱乐盛行，尤其是杂剧比较发达，其中就包括“说话”。鲁迅在《中国小说史略》中根据吴自牧《梦粱录》把“说话”的家数分为“四科”：

小说：即简短的说话，又分为银字儿、说公案、说铁骑儿。“银字儿”是讲烟花粉黛、神仙鬼怪、离合悲欢的事；“说公案”是讲拳勇、发迹的事；“说铁骑儿”是讲战争的事。

说经、说参请、说诨经：即以俗话演说佛经。

讲史书：讲历史上的事情，名人传记等，是后来历史小说的起源。

合生：先念含混的两句诗，随后再念几句，才能懂得意思，大概是讽刺时人的。

这四科后来只有“讲史”和“小说”和后世的小说有关系。那时操这种职业的人，叫做“说话人”。他们自编了一种叫“话本”的书作为“说话”时的底本。鲁迅对话本的体制也做了进一步讨论，梳理了话本对后世小说的影响，他研究的重要话本有两本：

一是《五代史平话》。

这本被鲁迅归为“讲史”一科，它从开天辟地讲起，一直到要讲的朝代。“它的文章，是各以诗起，次入正文，又以诗结，总是一段一段的有诗为证。但其病在于虚事铺排多，而于史事发挥少。”鲁迅认为文章中的诗是受了唐人的影响：因为唐时会诗的人地位比较高，说话人想仰攀他们，在话本中多加诗词，后世许多人的小说中也没有改。还有历史小说中每回的结尾处“不知后事如何？且听下回分解”的话，鲁迅也认为起源于说话人，因为说话人希望人们下次再来听，就用一个惊心动魄的未完事拉住他们。

二是《京本通俗小说》。

鲁迅指出这本书中的小说开始先说一个冒头，或用诗词或仍用故事，名叫“得胜头回”（“头回”是前回之意，“得胜”是吉利语），之后才是正文，正文的长短和冒头差不多，在短时间内就完了。所以他认为宋代说话中的小说，是指“短篇小说”，《京本通俗小说》虽不全，仅存十多篇，但也可以展示那时小说的大概了。

总之，宋人“说话”的影响是非常之大，后来的小说，十分之九是源自话本的。例如，在故事上，明代的《水浒传》《西游记》分别取材自话本《大宋宣和遗事》和《大唐三藏法师取经诗话》；在写作手法上，《今古奇观》中片段的叙述，就是仿“说话”中的“小说”；而章回小说《三国志演义》等长篇的叙述，都源于“讲史”。而“说话”四科中“讲史”的影响久远，从明清开始，把“二十四史”都演完了。

明小说两大潮流

【国学笔记】

★ 当神魔小说盛行时，记人事者亦突起，其取材犹宋市人小说之“银字儿”，大率为离合悲欢及发迹变态之事，间杂因果报应，而不甚言灵怪，又缘描摹世态，见其炎凉，故或亦谓之“世情书”也。

★ 不过此书之作（《三宝太监西洋记》），则也与当时的环境有关系，因为郑和之在明代，名声赫然，为世人所乐道；而嘉靖以后，东南方面，倭寇猖獗，民间伤今之弱，于是便感昔之盛，做了这一部书。但不思将帅，而思太监，不恃兵力，而恃法术者，乃是一则为传统思想所囿；一则明朝的太监的确常做监军，权力非常之大。这种用法术打外国的思想，流传下来一直到清朝，信以为真，就有义和团实验了一次。

【品读大师】

由于明初社会安定，经济逐渐繁荣起来，工商业也得到进一步发展，在宋元时期说话艺术基础上发展起来的通俗小说，受到日益壮大的市民阶层的欢迎，小说在明中叶出现了空前繁荣的局面。其社会作用和文学价值从这时开始显露出来，突破了文学史上正统诗文的垄断地位，被提到了和唐诗、宋词、元曲并论的位置。鲁迅把这一时期的小说分为“讲神魔之争的”和“讲世情的”两大主潮：

一、讲神魔之争的

鲁迅认为“神魔思潮”的兴起，是受了当时宗教、方士的影响，“……当时有很多人都以方技杂流拜官，因之妖妄之说日盛，而影响及于文章。”当时不同教派之间纷争四起，儒、佛、道三教之争一直无解，最终互相调和，自称正道，成为“同源”。当时的思想，是极模糊的，在小说中所写的邪正，并非儒和佛，或道和佛，或儒道释和白莲教，只不过是含糊的彼此之争，所以，鲁迅把它们总括起来提了个名目，叫神魔小说，并把《西游记》《封神传》和《三宝太监西洋记》作为代表作分析。

（1）《西游记》

鲁迅认为玄奘西天取经的故事，从唐末到宋元有多种版本，而吴承恩把它们汇集起来，以自己的幽默的表述方式，把妖怪的喜、怒、哀、乐写得近于人情，使得人人都喜欢看，所以《西游记》并不算吴承恩创作的。而由于吴承恩“受了三教同源的影响，在小说中释迦、老君、观音、真性、元神之类的无所不有，使无论什么教徒，皆可随宜附会”，所以《西游记》没有什么大的宗旨只是出于作者的游戏而已。

（2）《封神传》

《封神传》的作者已经无从考究，鲁迅认为其思想也是受了三教同源模糊的影响。书中讲述的是商纣王受辛在女娲宫进香时，题诗亵渎神明，女娲命三个妖精迷惑纣王以助周朝兴盛。书上多说战争，神佛杂出，助周的是阐教，助殷者为截教。鲁迅指出“阐”是明的意思，“阐教”就是正教；“截”是断的意思，“截教”或者就是佛教中所谓断见外道——就是受了三教同源的影响，以三教为神，以别教为魔。

（3）《三宝太监西洋记》

《三宝太监西洋记》是明万历年间的书，现在很少见。书中讲述的是永乐年间的太监郑和在碧峰长老的帮助下，用法术降服了西洋39个外国，使它们向中国朝贡的事情。鲁迅认为书中虽然说的是国家之间的战争，但中国近于神，而外国却处于魔的地位，所以仍然是神魔小说。

二、讲世情的

基于当时的社会状态，和神魔小说一起盛行的还有讲世情的小说，其中一类与神魔小说一样，是和方士是有很大关系的，如《金瓶梅》，这种小说，大概都叙述些风流放纵的事情，间于悲欢离合之中，写世态炎凉。这类书后来逐渐变成了讲因果的变迁，如山东诸城人丁耀亢的《续金瓶梅》，就是对于《金瓶梅》的因果报应之说：武大后世变成淫夫；潘金莲变为河间妇，终受极刑；西门庆则变成一个痴傻男人，坐视妻妾外遇。鲁迅说“此后的世情小说，就明明白白地变而为说报应的书——成为劝善的书了。”除了讲报应的，世情小说还有讲所谓“温柔敦厚”的，如《平山冷燕》《好逑传》《玉娇李》等，都是讲述才子佳人以诗为媒的爱情故事，这类书在国外都很有名气。

清小说四大派别

【国学笔记】

★ 他（纪昀）生在乾隆间法纪最严的时代，竟敢借文章以攻击社会上不通的礼法、荒谬的习俗，以当时的眼光看去，真算得很有魄力的一个人。可是到了（拟古派小说）末流，不能了解他攻击社会的精神，而只是学他的以神道设教一面的意思，于是这派小说差不多又变成劝善书了。

★ 时势屡更，人情日异于昔，久亦稍厌，渐生别流，虽故发源于前数书（指《三国志演义》《水浒传》《红楼梦》），而精神或至正反，大旨在揄扬勇侠、赞美粗豪，然又必不背于忠义。其所以然者，即一缘文人或有憾于《红楼》，其代表为《儿女英雄传》；一缘民心已不通于《水浒》，其代表为《三侠五义》。

【品读大师】

清代的小说创作，继明代之后出现了又一个高潮，产生了一大批文言短篇小说和白话长篇小说，鲁迅把它们分作拟古、讽刺、人情、侠义四派，能清晰地看到清代小说的概况。

一、拟古派

鲁迅给拟古派的定义是“拟六朝之志怪，或拟唐朝之传奇者”。前面说过唐人的小说单本到明代基本都散亡了，直到嘉靖年间，唐人的传奇小说再度盛行，模仿传奇体文章的人比比皆是。最有名的就是《聊斋志异》，其中许多故事都是从古书尤其是唐人传奇变化而来的。一百年后，纪昀的《阅微草堂笔记》则完全模仿六朝，尚质黜华，叙述简古，力避唐人的做法。《聊斋志异》和《阅微草堂笔记》是拟古派的代表作品，后来的人大都学这两本，不过并没有什么好成绩，所以“拟古派也已经被踏死在它的信徒的脚下了”。

二、讽刺派

在小说中寄讥讽之意，从晋唐就开始了，而在明代的世情小说中尤其多，清代的讽刺小说却不多见。鲁迅认为最有名而几乎是唯一的作品，就是《儒林外史》，“中国历来作讽刺小说者，再没有比他更好的了”。清末的小说家有感于国力不振，先后有李宝嘉的《官场现形记》和吴沃尧《二十年目睹之怪现状》。这两部书虽然和《儒林外史》一样都用断片凑成，没有线索和主角，但艺术手段却差得远了，最容易看出来的就是《儒林外史》是讽刺，而后两种都近于谩骂。鲁迅说："讽刺小说是贵在旨微而语婉"，假如过于夸大其辞，就失了艺术价值，而它的末流都没有顾到这一点，所以"讽刺小说从《儒林外史》而后，就可以谓之绝响"。

三、人情派

这一派的作品以描摹世态见长，以著名的《红楼梦》为代表。鲁迅说："至于说到《红楼梦》的价值，可是在中国的小说中实在是不可多得的。其要点在敢于如实描写，并无讳饰，和从前的小说叙好人完全是好，坏人完全是坏的，大不相同，所以其中所叙的人物，都是真的人物。"可见《红楼梦》最突出的就是关于世情、世态的描写。《红楼梦》影响很大，有很多续作，如《后红楼梦》《续红楼梦》等。直到道光年中，人们谈厌了《红楼梦》，但在普通人家中没有多少才子佳人的故事可挖掘，就用《红楼梦》的笔调去写优伶和妓女的事情，小说场面为之一变，代表作有《品花宝鉴》《青楼梦》。

四、侠义派

侠义派的小说，以《三侠五义》为代表，其前后盛行的还有《施公案》《龙图公案》《彭公案》《小五义》《续小五义》《英雄大八义》《七剑十三侠》等，大都是讲侠客除盗平叛的事情，并以某位名臣大官总领一切。小说中的侠客，大半粗豪，很像《水浒》中的人物，但他们不同于《水浒》中的人物反抗政府，而是帮助政府，鲁迅认为这可能是因为作者的思想不同，或者社会背景不同的原因。这些书大概出自光绪初年，这期间发生过几次国内战争，如剿灭太平军、捻匪、教匪等，许多市井之人因为从军立功，被人羡慕，愿意听他们的英勇事迹，所以茶馆中发生的小说，自然也受了影响。

第九章　明清小说赏析

《西游记》：神魔皆有人情，精魅亦通世故

【国学笔记】

★ 孙悟空一个筋斗十万八千里，猪八戒高老庄招亲，在人类中也未必没有谁和他们精神上相像。

★《西游记》……而且叫人看了，无所容心，不像《三国演义》，见刘胜则喜，见曹胜则恨，因为《西游记》上所讲的都是妖怪，我们看了，但觉好玩，所谓忘怀得失，独存赏鉴了——这也是他的本领。

【品读大师】

《西游记》是中国古典四大名著之一，写就于明代中叶以后，从问世开始就广泛流传，但作者是谁，长期以来说法不一。曾有很多人认为它是元代“长春真人”丘处机所作，但鲁迅根据宋祖舜的《天启淮安府志》的记载，并参考清人钱大昕（《长春

真人西游记》）、纪昀（《我是如闻》三）、丁晏（《石亭记事续编》）、阮葵生（《茶余客话》）、吴玉　（《山阳志遗》）等人的论著，断定是吴承恩所作。

“吴承恩字汝忠，号射阳山人，性敏多慧，博极群书，复善谐剧，著杂记数种，名震一时，……又能诗，其‘词微而显，旨博而深’（陈文烛序语），为有明一代淮郡诗人之冠……”鲁迅认为博学多才的吴承恩在《西游记》中取材十分广泛，“于《西游记》中亦采《华光传》及《真武传》，于西游故事亦采《西游记杂剧》及《三藏取经诗话》，翻案挪移则用唐人传奇（如《异闻集》《酉阳杂俎》等），讽刺揶揄则取当时世态，加以铺张描写……”，使整个故事较前人的创作大有改观，人物变得丰满至极。如二郎神战孙悟空的故事，在杨志和的《西游记传》中大概只有三百个字的描写，而吴承恩用了三千多字来写，“先记二人各现‘法象’，次则大圣化雀、化‘大鹚老’、化鱼、化水蛇，真君化雀鹰、化大海鹤、化鱼鹰、化灰鹤，大圣复化为鸨，真君以其贱鸟，不屑相比，即现原身，用弹丸击下之。”

至于作者构思的精妙，则在八十一难中处处可见，如金皊山之战（五十至五二回）、二心之争（五七及五八回）、火焰山之战（五九至六一回）等，每一处都“变化施为，皆极奇恣”，鲁迅对作者取杂剧《西游记》及《华光传》中的铁扇公主配以《西游记传》中仅有名字的牛魔王也很称许，说这个手法“俾益增其神怪艳异者也”。

鲁迅根据作者“复善谐剧”的禀性指出《西游记》“虽述变幻恍忽之事，亦每杂解颐之言，使神魔皆有人情，精魅亦通世故，而玩世不恭之意寓焉”。他认为吴承恩的可贵之处就在于“他讲妖怪的喜、怒、哀、乐，都近于人情，所以人都喜欢看，这是他的本领”。比如孙悟空大败于金㕂洞兕怪，金箍棒被夺，不得以去求玉帝发兵收剿一节，孙悟空精于世故的形象跃然纸上。

……当时四天师传奏灵霄，引见玉陛，行者朝上唱个大喏，道，“老官儿，累你累你。我老孙保护唐僧往西天取经，一路凶多吉少，也不消说。于今来在金㕂山金㕂洞，有一兕怪，把唐僧拿在洞里，不知是要蒸，要煮，要晒。是老孙寻上他门，与他交战，那怪神通广大，把我金箍棒抢去，因此难缚妖魔。那怪说有些认得老孙，我疑是天上凶星思凡下界，为此特来启奏，伏乞天尊垂慈洞鉴，降旨查勘凶星，发兵收剿妖魔，老孙不胜战栗屏营之至。”却又打个深躬道，“以闻。”旁有葛仙翁笑道，“猴子是何前倨后恭？”行者道，“不敢不敢。不是甚前倨后恭，老孙于今是没棒弄了。”……（第五十一回上《心猿空用千般计》）

关于《西游记》的评论，前人作了很多，如清人陈士斌的《西游真诠》、张书绅的《西游正旨》和刘一明的《西游原旨》，要么是劝学，要么是谈禅，要么讲道，都是阐明理法。鲁迅都不认同，他认为作者虽然是儒生，但《西游记》实际是“出于游戏，亦非语道，故全书仅偶见五行生克之常谈，尤未学佛，故末回至有荒唐无稽之经目，特缘混同之教，流行来久，故其著作，乃亦释迦与老君同流，真性与元神杂出，使三教之徒，皆得随宜附会而已。”如果非要有个大的旨意，他则推崇明人谢肇浙（《五杂组》十五）的“《西游记》曼衍虚诞，而其纵横变化，以猿为心之神，以猪为意之驰，其始之放纵，上天下地，莫能禁制，而归于紧箍一咒，能使心猿驯伏，至死靡他，盖亦求放心之喻，非浪作也”数语，认为“已足尽之”。

《红楼梦》：叙述皆存本真，正因写实而新鲜

【国学笔记】

★《红楼梦》是中国许多人所知道，至少，是知道这名目的书。谁是作者和续者姑且勿论，单是命意，就因读者的眼光而有种种：经学家看见《易》，道学家看见淫，才子看见缠绵，革命家看见排满，流言家看见宫闱秘事。

★看《红楼梦》，觉得贾府上是言论颇不自由的地方，焦大以奴才的身份，仗着酒醉，从主子骂起，直到别的一切奴才，说只有两个石狮子干净。（此句是柳湘莲的骂语）结果怎样呢？结果是主子深恶，奴才痛嫉，给他塞了一嘴马粪。其实是，焦大的骂，并非要打倒贾府，倒是要贾府好，不过说主奴如此，贾府就要弄不下去罢了。然而得到的报酬是马粪。所以

这焦大，实在是贾府的屈原，假使他能做文章，我想，也会有一篇《离骚》之类。三年前的新月社诸君子，不幸和焦大有了相同的境遇。

【品读大师】

《红楼梦》也是中国古典四大名著之一，其原名《石头记》，共有八十回，在乾隆中期出现于北京城。最初都是抄本，到了乾隆五十七年，才有程伟元所做的刻本，加多四十回，共一百二十回，改名叫《红楼梦》。

鲁迅把《红楼梦》视为清代人情派小说的代表，他认为“全书所写，虽不外悲喜之情，聚散之迹，而人物事故，则摆脱旧套，与在先之人情小说甚不同”。如开篇所说：

空空道人遂向石头说道，“石兄，你这一段故事，……据我看来：第一件，无朝代年纪可考；第二件，并无大贤大忠，理朝廷治风俗的善政，其中只不过几个异样女子——或情，或痴，或小才微善——亦无班姑蔡女之德能。我纵钞去，恐世人不爱看呢。”

石头笑曰，“我师何太痴也！若云无朝代可考，今我师竟假借汉唐等年纪添缀，又有何难？但我想历来野史，皆蹈一辙；莫如我不借此套，反倒新鲜别致，不过只取其事体情理罢了。……历来野史，或讪谤君相，或贬人妻女，奸淫凶恶，不可胜数。……至若才子佳人等书，则又千部共出一套，且其中终不能不涉于淫滥，以致满纸‘潘安子建’‘西子文君’；……且环婢开口，即‘者也之乎’，非文即理，故逐一看去，悉皆自相矛盾，大不近情理之说。竟不如我半世亲睹亲闻的这几个女子，虽不敢说强似前代所有书中之人，但事迹原委，亦可以消愁破闷也。……至若离合悲欢，兴衰际遇，则又追踪蹑迹，不敢稍加穿凿，徒为哄人之目，而反失其真传者。……”（戚蓼生本第一回）

鲁迅认为上面这段话是理解红楼梦最重要的一点：“盖叙述皆存本真，闻见悉所亲历，正因写实，转成新鲜。而世人忽略此言，每欲别求深义，揣测之说，久而遂多。”据此，他把流传较广的四种推测逐一论证。

第一，纳兰成德家事说。成德是词人，他所奉为上客的人即十二金钗，他少年中举，但后来也被查抄，和宝玉的情形相似，此说据此而来。但鲁迅考证查抄一事，宝玉在生前，成德在死后，其他不同之点也很多，所以此说不成立。

第二，清世祖与董鄂妃故事说。这种说法认为宝玉出家影射清世祖出家，并认为鄂妃是名妓董小宛。鲁迅考证董鄂妃是满洲人，并非是董小宛，而且清兵下江南的时候，小宛已经28岁了，而顺治刚14岁，不可能把小宛纳妃。所以这一说也不通。

第三，康熙朝政治状态说。即认为《红楼梦》是政治小说，是以明之亡揭清之失。如以“红”影“朱”字，以“石头”指“金陵”，以“贾”斥伪朝——即斥“清”，以金陵十二钗讥讽清代名士。鲁迅认为此说穿凿附会，因为作者是汉军旗人，不会替汉人来抱亡国之痛。

第四，自叙说。鲁迅认为曹雪芹的境遇，和书中所叙吻合。曹雪芹的祖父、父亲都做过江宁织造，其家庭之豪华，和贾府差不多；而曹雪芹幼时也是像宝玉一样的佳公子；后来突然穷困，可能就是被抄家或近于这一类变故所致，情理也可通——“由此可知《红楼梦》一书，说尾大部分为作者自叙，实是最为可信的一说。”

至于说到《红楼梦》的价值，鲁迅认为它在中国小说中实在是不可多得的。其要点在敢于如实描写，并无讳饰……自有《红楼梦》出来以后，传统的思想和写法都打破了。——它那文章的旖旎和缠绵，倒是还在其次的事。

《金瓶梅》：叙风流之事，写尽世态炎凉

【国学笔记】

★ 诸“世情书”中，《金瓶梅》最有名。……作者之于世情，盖诚极洞达，凡所形容，或条畅，或曲折，或刻露而尽相，或幽伏而含讥，或一时并写两面，使之相形，变幻之情，随在显见……至谓此书之作，专以写市井间淫夫荡妇，则与本文殊不符，缘西门庆故称世家，为搢绅，不唯交通权贵，即士类亦与周旋，著此一家，即骂尽诸色，盖非独描摹下流言行，加以笔伐而已。

【品读大师】

《金瓶梅》是我国明代长篇世情小说，成书约在隆庆至万历

年间，作者署名兰陵笑笑生，真实作者无可考证。由于书中有大量露骨的淫秽情节，这本书长期遭禁。但鲁迅给了《金瓶梅》公正的评价，既没有因其色情描写而贬低其文学地位，也没有因其世情的细致描绘而张扬拔高其艺术价值。

首先，鲁迅把这部作品放到了小说发展之中来考察。《金瓶梅》一书叙写西门庆的发迹史，涉及社会各个层面的描写，这种世情小说继承了宋人白话小说的“银字儿”。“银字儿”小说多是写人间的悲欢离合及发迹变泰，同时间杂因果报应。《金瓶梅》的创作方法是宋代白话小说的发展，在文学价值上远远超越宋人小说，揭示的社会面更加广阔，暴露的社会矛盾更加深刻，描写也更加细致。《金瓶梅》一书开后代世情小说之先河，其后的《玉娇李》《醒世姻缘传》《红楼梦》皆受其影响。

其次，鲁迅具体分析了《金瓶梅》一书产生的社会因素。他说：“就文辞与意象以观《金瓶梅》，则不外描写世情，尽其情伪，又缘衰世，万事不纲，爰发苦言，每极峻急，然亦时涉隐曲，猥黩者多。后或略其他文，专注此点，因予恶谥，谓之‘淫书’；而在当时，实亦时尚。成化时，方士李孜僧继晓已以献房中术骤贵，至嘉靖间而陶仲文以进红铅得幸于世宗，官至特进光禄大夫柱国少师少傅少保礼部尚书恭诚伯。于是颓风渐及士流，都御史盛端明布政使参议顾可学皆以进士起家，而俱借‘秋石方’致大位。瞬息显荣，世俗所企慕，侥幸者多竭智力以求奇方，世间乃渐不以纵谈闺帏方药之事为耻。风气既变，并及士林，故自方士进用以来，方药盛，妖心兴，而小说亦多神魔之谈，且每叙床笫之事也。”从世态解释了《金瓶梅》中淫秽情节产生的社会根源。

此外，鲁迅还认为明代表小说中讲秽行的，都是借文字来报尽仇的，像《金瓶梅》中的西门庆，是一个绅士，也可能是作者的仇家，但究属是什么人，现在无可考了，而至于作者，现在也还不知道其背景。流传较广的一个说法是：这是王世贞（明代文学家、史学家）为父报仇而做的。因为王世贞的父亲王忬被严嵩所害，而严嵩之子严世蕃又势盛一时，凡有不利于严嵩的奏章，无不受其压抑，无法呈达皇帝。王世贞打听到严世蕃爱看小说，便作了这部书，使他沉湎其中，无暇他顾，而参严嵩的奏章就能送达皇帝了。所以清初的翻刻本上，开篇就有王世贞的《苦孝说》。鲁迅却不认同这种看法，他认为《金瓶梅》的文章做得不错，而王世贞在当时最有文名，所以世人就借他的名字给《金瓶梅》当作者。“后人之主张此说，并且以《苦孝说》冠其首，也无非是想减轻社会上的攻击的手段，并不是确有什么王世贞所作的凭据。”

总之，鲁迅先生深刻地认识到《金瓶梅》作者的艺术表现源于世态写实，“描写世情，尽其情伪”“时涉隐曲，猥黩者多”，对于此书在小说史上的地位给出了公正的评价。

《聊斋志异》：用传奇法，而以志怪

【国学笔记】

★《聊斋志异》虽亦如当时同类之书，不外记神仙狐鬼精魅故事，然描写委曲，叙次井然，用传奇法，而以志怪，变幻之状，如在目前；又或易调改弦，别叙畸人异行，出于幻域，顿入人间；偶述琐闻，亦多简洁，故读者耳目，为之一新。

★鲁迅对《聊斋》的体例的评价："至于每卷之末，常缀小文，则缘事极简短，不合于传奇之笔，故数行即尽，与六朝之志怪近矣。又有《聊斋志异拾遗》一卷二十七篇，出后人缀拾；而其中殊无佳构，疑本作者所自删弃，或他人拟作之。"

【品读大师】

《聊斋志异》，简称《聊斋》，俗名《鬼狐传》，是中国清代著名小说家蒲松龄创作的一部文言短篇小说集。全书题材广泛、内容丰富，相传渔洋山人（王士祯）悬赏这部书稿，使得这部书声名益振，人们竞相传抄。鲁迅在《中国小说史略》第二十二篇《清之拟晋唐小说及其支流》中，对《聊斋》评价不仅所占篇幅很大，而且给予了很高的评价。他在文章一开头交代传奇志怪类笔记小说，“盖传奇风韵，明末实弥漫天下，至易代不改也。”在列举了多种专集后，他说：“而专集中最有名者为蒲松龄之《聊斋志异》。”“最有名”这三字，是鲁迅第一次提出，《聊斋》也是当之无愧。

蒲松龄字留仙，号柳泉，山东淄川人，鲁迅说他“幼有轶才，老而不达”。他在《聊斋》上题辞写道：“才非干宝，雅爱搜神，情同黄州，喜人谈鬼，闲则命笔，因以成编。久之，四方同人又以邮筒相寄，因而物以好聚，所积益夥”。可见《聊斋》是他储蓄收罗很久才有的。但是鲁迅考证认为书中事迹有许多是从古书尤其是从唐人传奇变化而来的——如《凤阳士人》《续黄粱》等。

鲁迅认为《聊斋志异》中神仙、狐鬼、精魅等故事和当时所出同类的书差不多，但其“用传奇法，而以志怪，变幻之状，如在目前”“描写详细而委曲，用笔变幻而熟达”。并且，明末的志怪书大多简略而又荒怪，没有情节，而《聊斋志异》的另一个独特之处就在于“详尽之外，示以平常，使花妖狐魅，多具人情，和易可亲，忘为异类，而又偶见鹘突，知复非人。”他还以《狐谐》和《黄英》为例，佐证自己的判断：“《狐谐》言博兴万福于济南娶狐女，而女雅善谈谐，倾倒一坐，后忽别去，悉如常人；《黄英》记马子才得陶氏黄英为妇，实乃菊精，居积取盈，与人无异，然其弟醉倒，忽化菊花，则变怪即骤现也。”

除了鬼狐的异事，鲁迅说蒲松龄写人间事“亦尚不过为形容，致失常度。如《马介甫》一篇讲述杨氏有悍妇，虐遇其翁，又慢客，而兄弟祗畏，至对客皆失措云。”

《聊斋志异》风行近百年，模仿赞颂者非常多，直到后来纪昀提出了反对意见，认为《聊斋志异》有两个缺点：一是体例太杂：《聊斋志异》中有长的文章是仿唐人传奇的，而又有些短的文章却像六朝的志怪；二是描写太详：作品是讲述他人的事迹的，过于曲尽细微，其中有许多事，本人未必肯说，作者从何得知？鲁迅很重视这个观点，并把纪昀的《阅微草堂笔记》和《聊斋》进行了对比分析，他认为“《阅微草堂笔记》……立法甚严，则在尚质黜华，追踪晋宋……与《聊斋》之取法传奇者途径自殊，然较以晋宋人书，则《阅微》又过偏于议论……”总之，这二者所思不同，所操之术不同，故所作亦异，应是各有千秋。这也可以说是公正持平之论。

事实上，对于《聊斋》，鲁迅在评价中提出了许多重要权威观点，如“变幻之状如在目前”“出于幻域，顿入人间”“花妖狐魅，多具人情，和易可亲，忘为异类，而又偶见鹘突，知复非人”，一直被研究者广泛引用，可以说是“一言而为天下法”。

《儒林外史》：虽非巨幅，而时见珍异

【国学笔记】

★《儒林外史》写范进举人因为守孝，连象牙筷子也不肯用，……和这相似的情形是现在可以遇见的；……这分明是事实，而且是广泛的事实，但我们皆谓之讽刺。

★《儒林外史》所传人物，大都实有其人，而以象形谐声或瘦词隐语寓其姓名，若参以雍乾间诸家文集，往往十得八九。

【品读大师】

《儒林外史》是清代小说家吴敬梓创作的章回体长篇小说，全书描写了近两百个人物，假托明代，实际反映的是清代康乾时期科举制度下读书人的功名和生活。

鲁迅对这部作品很是偏爱，在《中国小说史略》中以第二十三篇《清之讽刺小说》单独分析了这部小说。鲁迅说，自晋唐就有的“寓讥弹于稗史者”在明为盛，尤其是在人情小说中，但是，“此类小说，大抵设一庸人，极形其陋劣之态，借以衬托俊士，显其才华，故往往大不近情，其用才比于‘打诨’”。稍微好一点的，“描写时亦刻深，讥刺之切，或逾锋刃”，但又“疑私怀怨毒，乃逞恶言，非于世事有不平，因抽毫而抨击矣”，还有“近于呵斥全群者，……，然词意浅露，已同谩骂，所谓‘婉曲’，实非所知。”他认为，“迨（等到）吴敬梓《儒林外史》出，乃秉持公心，指擿时弊，机锋所向，尤在士林；其文又慼而能谐，婉而多讽……”小说中才有可以称为讽刺的作品。

吴敬梓，字敏轩，安徽全椒人，鲁迅说他“多所见闻，又工于表现，故凡所有叙述，皆能在纸上见其声态；而写儒者之奇形怪状，为独多而独详。当时距明亡没有百年，明季的遗风，尚留存于士流中，八股而外，一无所知，也一无所事。敬梓身为士人，熟悉其中情形，故其暴露丑态，就能格外详细。……在中国历来作讽刺小说者，再没有比他更好的了”。

对于《儒林外史》的价值，鲁迅认为贵在“旨微而语婉，假如过甚其辞，就失去了文艺上的价值……”例如，鲁迅在引录范进守孝期间在张静斋家吃大虾圆子的一段细节描写时作了精湛的分析和评价：“无一贬词，而情伪毕露，诚微词之妙选，亦狙击之辣手矣。”通过“微词之妙选”来“刻画伪妄之处”，“抨击习俗者”在《儒林外史》是“尚多”而且“屡见”的。又比如，王玉辉之女殉夫，王玉辉大喜，但是当入祠建牌坊的时候，他又“转觉心伤，辞了不肯来”，后来又说“在家日日看见老妻悲恸，心中不忍”（第四十八回），这里深刻地描写了良心与礼教的冲突。

对于全书的结构，鲁迅则说“唯全书无主干，仅驱使各种人物，行列而来，事与其来俱起，亦与其去俱讫，虽云长篇，颇同短制；但如集诸碎锦，合为帖子，虽非巨幅，而时见珍异，因亦娱心，使人刮目矣。”这个评价是十分准确的。

总之，鲁迅通过分析《儒林外史》告诉我们：吴敬梓描写的是“自所闻见”的熟悉人物。他挥动手中“工于表现”之笔将这些人物与社会环境联系起来，以其对现实的较清醒的认识，“托稗史以寄慨”而达到“以公心讽世”之目的，表现了巨大的讽刺力量，使作品能“烛幽索隐，物无遁形，凡官师，儒者，……间亦有市井细民，皆现身纸上，声态并作，使彼世相，如在目前”。可见，只有如实地描写、反映现实，才能“指摘时弊”，用文章展示隐藏的东西，暴露社会问题的本质。

第十章　汉文学的发展

从文字到文章

【国学笔记】

★ 辞笔或诗笔对举，唐世犹然，逮及宋元，此义遂晦，于是散体之笔，并称曰文，且谓其用，所以载道，提挈经训，诛锄美辞，讲章告示，高张文苑矣。

★ 有史以前的人们，虽然劳动也唱歌，求爱也唱歌，他却并不起草，或者留稿子，因为他做梦也想不到卖诗稿，编全集，而且那时的社会里，也没有报馆和书铺子，文字毫无用处。据有些学者告诉我们的话来看，这在文字上用了一番工夫的，想来该是史官了。

【品读大师】

讨论汉文学的发展，就不能不讨论文字的起源。鲁迅在《汉文学史纲要》开篇的《自文字至文章》中，分析了从文字至文章的演变过程。他首先对中国自古就有的几种起源说逐一进行了分析："……倘将记言行，存事功，则专凭言语，大惧遗忘，故古者尝结绳而治，而后之圣人易之以书契。结绳之法，今不能知……相传'古者庖牺氏之王天下也，仰则观象于天，俯则观法于地，观鸟兽之文与地之宜，近取诸身，远取诸物，于是始作八卦。'（《易·下系辞》）'神农氏复重之为六十四爻。'（司马贞《补史记》）颇似为文字所由始。其文今具存于《易》，积画成象，短长错综，变易有穷，与后之文字不相系属。"他认为"结绳记事""伏羲作卦"都只是推测，没有真凭实据，不足信。而对于"仓颉造字"说，他则认为"要之文字成就，所当绵历岁时，且由众手，全群共喻，乃得流行，谁为作者，殊难确指，归功一圣，亦凭臆之说也"。"且由众手，全群共喻"才是文字的发展过程。

许慎在《说文解字序》中对指事、象形、形声、会意、转注、假借"六书"进行了明确的定义，在此基础上，鲁迅认为"文字初作，首必象形，触目会心，不待授受，渐而演进，则会意指事之类兴焉。今之文字，形声转多，而察其缔构，什九以形象为本柢，诵习一字，当识形音义三：口诵耳闻其音，目察其形，心通其义，三识并用，一字之功乃全。"他还指出，中国汉字有三美，一是"意美以感心"，二是"音美以感耳"，三是"形美以感目"。

连续的文字，就是所谓的“文”。鲁迅认为“其兴盛，盖亦由巫史乎”“原始社会里，大约先前只有巫，待到渐次进化，事情繁复了，有些事情，如祭祀、狩猎、战争……之类，渐有记住的必要，巫就只好在他那本职的‘降神’之外，一面也想法子来记事，这就是‘史’的开头。”“更进，则史以记人事也”，这可以从《易》和《书》中看到端倪。

但鲁迅又指出：巫史不是诗人，为了方便记忆，他们又“练句协音”，而为了“俭约其文，以省物力，或因旧习，仍作韵言。”如黄帝《道言》（《吕氏春秋》）《金人铭》（《说苑》）颛顼《丹书》（《大戴礼记》）帝喾《政语》（《贾谊新书》）等“大抵协其音，偶其词，使读者易于上口”，已经具备了读音押韵、用词对仗的特点。由此，鲁迅认为：“初始之文，殆（大概）本（本来）与语言稍异，当有藻韵（华美的文辞和韵律），以便传诵。”

到汉代时，“凡箸于竹帛者为文章（《汉书·艺文志》）”，后来又“举一切可以图写，接于目睛者”都是文章。而梁之刘勰说“人文之元，肇自太极”，把文章的产生归于太极两仪，《易》对此进行了简化：“物相杂，故曰文。”《说文解字》中也说：“文，错画也。”鲁迅由此推知“凡所谓文，必相错综，错而不乱，亦近丽尔之象。”他又以刘熙的“文者，会集众彩以成锦绣，会集众字以成辞义，如文绣然也”（《释名》）

提出了文章真正的含义——“则确然以文章之事，当具辞义，且有华饰，如文绣矣。……但书文章，今通称文学。”“盖其时文章界域，极可弛张，纵之则包举万汇之形声；严之则排摈简质之叙记，必有藻韵，善移人情，始得称文。其不然者，概谓之笔。”

《书》有六体，《诗》有六义

【国学笔记】

★ 虞夏禅让，独饶治绩，敷扬休烈，故深大矣；周多征伐，上下相戒，事危而言切，则峻肃而不阿借；唯《商书》时有哀激之音，若缘厓而失其援，以为夷旷，所未详也。

★ 诗歌之起，虽当早于记事，然葛天《八阕》，黄帝乐词，仅存其名。《家语》谓舜弹五弦之琴，造《南风》之诗曰："南风之熏兮，可以解吾民之愠兮；南风之时兮，可以阜吾民之财兮。"《尚书大传》又载其《卿云歌》云："卿云烂兮，纠缦缦兮，日月光华，旦复旦兮！"辞仅达意，颇有古风，而汉魏始传，殆（大概）亦后人拟作。

【品读大师】

《书》即《尚书》，《诗》即《诗经》，都是中华民族"文化元典”之一，作为中国文化传统的卓越继承者，鲁迅在《汉文学史纲要》中将《尚书》与《诗经》并列为一篇，从文学史的角度对二者进行了客观的考察和知识性的介绍。

《尚书》是一部多体裁文献汇编，因为是儒家五经之一，又称《书经》，分为《虞书》《夏书》《商书》《周书》。鲁迅说：“《周礼》，外史掌三皇五帝之书，今已莫知其书为何等。假使五帝书诚为五典，则今惟《尧典》在《尚书》中。”可见他肯定了《尚书》是我国现存最早的先秦国家历史文献的史学地位。

《尚书》是什么？

鲁迅引用王充和孔颖达的说法对《尚书》进行了解释：“尚者，上也。上所为，下所书也”或“言此上代以来之书”。又介绍了《尚书》的体制，“《书》之体例有六：曰典，曰谟，曰训，曰诰，曰誓，曰命，是称六体”。典，记述帝王言行，以作后代常法，如《尧典》。谟，记述君臣谋议国事，如《皋陶谟》。训，记述训导言词，如《伊训》。诰，施政文告，如《汤诰》。誓，临战勉励将士的誓词，如《牧誓》。命，帝王的诏令，如《顾命》。此外，“其中有《禹贡》，颇似记，余则概为训下与告上之词，犹后世之诏令与奏议也”。从鲁迅的分析中，可以看出，《尚书》其实是古皇家档案文件的汇编文集。对于《尚书》的文风，鲁迅则给出了“其文质朴，亦诘屈难读，距以藻韵为饰，俾便颂习，便行远之时，盖已远矣”的评价。

至于诗歌，鲁迅认为“自商至周，诗乃圆备，存于今者三百五篇，称为《诗经》”，他还指出，由于口耳相传的原因，诗不只存在于书中，所以是最为完整的古文学作品。对于传说的“孔子删诗”，鲁迅同意朱熹的看法：“人言夫子删诗，看来只是采得许多诗，夫子不曾删去，只是刊定而已。”

鲁迅指出：“《书》有六体，《诗》则有六义焉：一曰风，二曰赋，三曰比，四曰兴，五曰雅，六曰颂。风雅颂以性质言：风者，闾巷之情诗；雅者，朝廷之乐歌；颂者，宗庙之乐歌也。是为《诗》之三经。赋比兴以体制言：赋者直抒其情；比者借物言志；兴者托物兴辞也。是为《诗》之三纬。风以《关雎》始，雅有大小，小雅以《鹿鸣》始，大雅以《文王》始；颂以《清庙》始；是为四始。”由此认为，《诗经》是“中国最古的诗选。”

鲁迅对《诗经》的文风也进行了考评，认为“如《颂》诗，大率（大多）叹美”“二《雅》，则或美或刺，较足见作者之情……如《小雅》《采薇》，言征人远戍，虽劳而不敢息……此盖所谓怨诽而不乱，温柔敦厚之言矣。然亦有甚激切者，如《大雅》《瞻卬》”“《国风》之词，乃较平易，发抒情性，亦更分明”。并由此推出了《诗经》的次序“惟《诗》以平易之《风》始，而渐及典重之《雅》与《颂》；《国风》又以所尊之周室始，次乃旁及于各国，则大致尚可推见而已。”

秦之文章，李斯一人而已

【国学笔记】

★ 斯虽出荀卿之门，而不师儒者之道，治尚严急，然于文字，则有殊勋，六国之时，文字异形，斯乃立意，罢其不与秦文合者，画一书体，作《仓颉》七章，与古文颇不同，后称秦篆；又始造隶书，盖起于官狱多事，苟趋简易，施之于徒隶也。

★ 李斯的《谏逐客书》确实是一部思想深邃、文辞缜密的佳作。对此，鲁迅从文学审美的角度给予了李斯作品高度的评价。鲁迅站在文学史家的角度，把李斯放在了宏阔的文学世界中审视，使其文学价值得以充分的体现。

【品读大师】

《文心雕龙 · 诠赋》中说“秦世不文”，可见秦代是文学史上的荒原时期。在文化专制的秦朝，李斯以寥寥几篇作品在鲁迅的文学史上占有一席之地。这与鲁迅所秉持的“以是否有文采作为评判作家在文学史上地位”的思想是分不开的，对于李斯的文学表现力，鲁迅指出“法家大抵少文采，惟李斯奏议，尚有华辞”，如上书《谏逐客书》云：“……必秦国所生然后可，则是夜光之璧，不饰朝廷；犀象之器，不为玩好；郑卫之女，不充后宫；而骏良駃騠，不实外厩；江南金锡不为用，西蜀丹青不为采。……夫击瓮叩缻，弹筝搏髀，而歌呼呜呜快耳目者，真秦之声也。郑卫桑间，《昭虞》《武象》者，异国之乐也。今弃击瓮叩缻而就郑卫，退弹筝而取《昭虞》。若是者，何也？快意当前，适观而已矣。今取人则不然：不问可否，不论曲直，非秦者去，为客者逐。然则是所重者在乎色乐珠玉，而所轻者在乎人民也。此非所以跨海内，制诸侯之术也。……”可以看到，这篇文章排比铺张、文辞修饰整齐、音节和谐流畅，和汉初散文和汉代辞赋很接近。秦代有一些刻石文，如泰山、琅牙、会稽等处的刻石文，也大都出于李斯之手。内容歌颂秦王功德，形式则模仿雅颂，都是四言韵文，但多以三句为一韵。例如《泰山刻石文》：“皇帝临位，作制明法，臣下修饬。二十六年，初并天下，罔不宾服。亲巡天下黎民，登兹泰山，周览东极。从臣思迹，本原事业，祇诵功德。治道运行，诸产得宜，皆有法式。大义休明，垂于后世，顺承勿革。皇帝躬圣，既平天下，不懈于治。……昭隔内外，靡不清净，施于后嗣。化及无穷，遵奉遗诏，永承重戒。”鲁迅说这段文字“质而能壮，实汉晋碑铭所从出也”，评价是很高的。

另外，《史记 · 秦始皇本纪》载：东郡民刻陨石以诅始皇，“始皇不乐，使博士（即李斯）为《仙真人诗》，及行所游天下，传令乐人歌弦之”。可见李斯至少还写过一部《仙真人诗》，但没有见过流传，可能早就遗失了。鲁迅说它“其诗盖后世游仙诗之祖”。也是说李斯是借描述“仙境”以寄托思想感情诗歌的第一人。

在文学荒原的秦朝，文学作品极为稀有，鲁迅考证“《汉书 · 艺文志》著秦时杂赋九篇；《礼乐志》云周有《房中乐》，至秦名曰《寿人》，今亦俱佚。”至于吕不韦的《吕氏春秋》，不是某个人作的，而是“厚养士，使人人著其所知，集以为书，凡二十余万言”。总之，秦朝的文学创作者和文学作品寥寥无几，所以，鲁迅认为从现存的秦代文学作品来看，“秦之文章，李斯一人而已。”

文景相嗣的楚声

【国学笔记】

★ 又以沛宫为原庙，令歌儿吹习高帝《大风》之歌，遂用百二十人为常员。文景相嗣，礼官肄之。楚声之在汉宫，其见重如此，故后来帝王仓卒言志，概用其声，而武帝词华，实为独绝。

★ 在韵言则有屈原起于楚，被谗放逐，乃作《离骚》。逸响伟辞，卓绝一世。后人惊其文采，相率仿效，以原楚产，故称“楚辞”。较之于《诗》，则其言甚长，其思甚幻，其文甚丽，其旨甚明，凭心而言，不遵矩度。

【品读大师】

受秦始皇焚书坑儒的影响，儒学自秦朝就不再是文化的主流。到了汉朝，“高祖亦不乐儒术，其佐又多刀笔之吏（代办文书的小吏）”，在鲁迅眼里，只有郦食其、陆贾、叔孙通还稍有文士的风采，但鲁迅认为他们在汉王朝立足，也并不是因为文术，“陆贾虽称说《诗》《书》，顾（但）特以辩才见赏（被赏识）；郦生固自命儒者，而高祖实以说客视之；至叔孙通，则正以曲学阿世取容，非重（看重）其能定朝仪，知典礼也。”（曲学阿世：指歪曲自己的学术，以投世俗之好。）

而刘邦即位之后，在经过山东时“曾以中牢（此处应为太牢，即猪、牛、羊齐备当做祭品）祀（祭拜）孔子”，不过鲁迅说这实际是“英雄欺人，将借此收揽人心”，让人们知道他反对秦朝的做法而已。刘邦死后，儒生仍然不被重用，鲁迅引《汉书·儒林传》中的话为证：“孝惠高后时，公卿皆武力功臣。孝文本好刑名之言。及至孝景，不任儒；窦太后又好黄老术（道家清净无为的治世之术），故诸博士具官待问，未有进者。”

由此，鲁迅说：“故在文章，则楚汉之际，诗教已熄，民间多乐楚声，刘邦以一亭长登帝位，其风遂亦被宫掖（宫廷）。”他认为这是“盖（因为）秦灭六国，四方怨恨，而楚尤发愤，誓虽三户必亡秦，于是江湖湖昂之士，遂以楚声为尚”的结果。

楚声，即秦汉间楚地的音乐，也泛指长江中游、汉水一带以至徐、淮间的音乐。从楚汉相争到汉朝结束，楚声一直都是文化主流，鲁迅引用了很多例子来证明：

1.《垓下歌》：项籍（项羽）困于垓下，歌曰：“力拔山兮气盖世，时不利兮骓不逝！骓不逝兮可奈何？虞兮虞兮奈若何？”楚声也。

2.《大风歌》：高祖既定天下，因征（追击）黥布（即英布）过沛，置酒沛宫，召故人父老子弟佐酒，自击筑歌曰：“大风起兮云飞扬。威加海内兮归故乡。安得猛士兮守四方！”亦楚声也。“且发沛中儿百二十人教之歌，群儿皆和习之。”

3.刘邦为戚夫人作歌：刘邦想立宠妃戚夫人的儿子赵王如意为太子，但无奈在吕后和张良的运作下，当时的太子“羽翼已成，难动矣。吕后真而主矣”（《史记·留侯世家》），不得已作罢，戚夫人伤心而泣。刘邦让戚夫人跳楚舞，自己作了一首楚歌：“鸿鹄高飞，一举千里，羽翼已就，横绝四海。横绝四海，又可奈何？虽有矰缴，尚安所施？”

4.刘邦的唐山夫人为《房中乐》作词：《汉书·礼乐志》载：“汉兴，……又有《房中祠乐》，高祖唐山夫人所作也。周有《房中乐》，至秦名曰《寿人》。凡乐，乐其所生，礼不忘本。高祖乐楚声，故《房中乐》楚声也。孝惠二年，使乐府令夏侯宽备其箫管，更名曰《安世乐》。”（《房中乐》是周代乐歌的一种，系宗庙所用乐章。）下面是其中一例：

“都荔遂芳，　窊桂华。孝奏天仪，若日月光。乘玄四龙，回驰北行。羽旄殷盛，芬哉芒芒。孝道随世，我署文章。”

5.汉武帝作《秋风辞》：“秋风起兮白云飞，草木黄落兮雁南归。兰有秀兮菊有芳，怀佳人兮不能忘。泛楼船兮济汾河，横中流兮扬素波，箫鼓鸣兮发棹歌。欢乐极兮哀情多，少壮几时兮奈老何。”鲁迅评价这首歌“缠绵流丽，虽词人不能过也。”

一直到东汉末期，汉少帝刘辩将被为董卓所酖（逼饮毒酒）时，夫妻悲歌——皇帝歌云：“天道易兮我何艰，弃万乘兮退守藩。逆臣见迫兮命不延，逝将去汝兮适幽玄！”其妻唐姬歌曰：“皇天崩兮后土颓，身为帝兮命夭摧。死生路异兮从此乖，奈我茕独兮中心哀！”鲁迅说：“虽临危抒愤，词意浅露，而其体式，亦皆楚歌也。”汉宫楚声，从另一个角度可以说，有汉一朝，楚歌不绝，或悲壮或雄奇或哀婉，都动人心魄。

汉武帝时的文学盛况

【国学笔记】

★ 其（东方朔）文辞不逊，高自称誉。帝伟之，令待诏公车；渐以奇计俳辞得亲近，诙达多端，不名一行，然时观察颜色，直言切谏，帝亦常用之。尝至太中大夫，与枚皋郭舍人俱在左右，但诙啁而已，不得大官，因以刑名家言求试用，辞数万言，指意放荡，颇复诙谐，终不见用，乃作《答客难》（《见《汉书》本传）以自慰谕。又有《七谏》（见《楚辞》），则言君子失志，自古而然。

★ （枚）皋好诙笑，为赋颂多嫚戏，故不得尊显，见视如倡，才比东方朔郭舍人。作文甚疾（快），故所赋甚多，自谓不及司马相如，而颇诋娸（毁谤丑化）东方朔，又自诋娸。班固云："其文骫骳，曲随其事，皆得其意，颇诙笑，不甚闲靡。凡可读者百二十篇，其尤嫚戏不可读者尚数十篇。”

【品读大师】

汉武帝是汉朝的第七位皇帝，他有雄才大略、文治武功，汉朝在他的统治下是当时世界上最强大的国家，他也因此成为中国历史上伟大的皇帝之一。鲁迅在《汉文学史纲要 · 武帝时文术之盛》中对汉武帝时期的文学盛况作了扼要的介绍。

汉武帝颇尚儒术，他登基以后，罢黜百家，启用申公、枚乘、董仲舒、公孙弘等人。他喜欢词赋，尤其是楚辞，曾经令淮南王刘安为《离骚》作传。他自己也创作了《秋风辞》《悼李夫人赋》（见《汉书 · 外戚传》）等，都有深奥的意境。又恢复了乐府，收集民间歌谣。命李延年为协律都尉，司马相如等数十人作诗颂，用于天地诸祠，是为《十九章》之歌。

李延年是西汉重要的音乐家，鲁迅说他“性知音，善歌舞，武帝爱之，每为新声变曲，闻者莫不感动。”“随事兴咏，节促意长，殆即所谓新声变曲者也。”“延年辄承意弦歌所造诗，谓之‘新声曲’，实则楚声之遗，又扩而变之者也。”

汉武帝身边的文学之士也很多。鲁迅历数了严助、吴买臣、吾丘寿王、司马相如、主父偃、徐乐、严安、东方朔、枚皋、胶仓、终军、严葱奇等人，又说其中东方朔、枚皋（枚乘的庶子）、严助、吾丘寿王、司马相如比较受重视。鲁迅认为司马相如文章水平最高，但常称病避事；东方朔、枚皋常常毫无根据地提出个人主张，待遇如同舞乐艺人；只有严助与吾丘寿王被任用。不过他们的文学创作仍然是文学史上的重要篇章。此外，还有擅文词的儒术之士，如公孙弘、董仲舒皆举贤良对策。公孙弘官至丞相，天下学士“靡然向风矣”；而董仲舒是西汉的思想家，提出“罢黜百家，独尊儒术”并被汉武帝采纳，在诗词上他曾写过《士不遇赋》（见《古文苑》）。

小说作品在汉武时开始兴盛。洛阳人虞初，号黄车使者，是汉武帝的方士侍郎，写《周说》九百四十三篇。还有一个齐人饶，其姓不可考，担任待诏一职，作《心术》二十五篇。还有无名氏写的《封禅方说》十八篇。不过这些现在都已佚失。

新体诗这时开始蓬勃兴起。《骚》《雅》遗声之外，还有杂言，称为“乐府”。《汉书》上说东方朔作八言及七言诗，各有上下篇，虽然已经失传，但是元封三年汉武帝在柏梁台上诏集群臣，命令有能作七言诗，会得到上坐，鲁迅说：“其辞今具存，通篇七言，亦联句之权舆也：日月星辰和四时（皇帝），骖驾驷马从梁来（梁王），郡国士马羽林材（大司马），总领天下诚难治（丞相），和抚四夷不易哉（大将军），刀笔之吏臣执之（御史大夫）。……走狗逐兔张罘罳（上林令），啮妃女唇甘如饴（郭舍人），迫窘诘屈几穷哉（东方朔）。亦新体也，然或出后人附会。”这里至少可以得出七言诗是在汉武帝时开创的结论。枚乘最开始作五言诗，而当时苏武、李陵的赠答诗也算得上是佳作。

司马相如与司马迁

【国学笔记】

★ 然其专长，终在辞赋，制作虽甚迟缓，而不师故辙，自摅妙才，广博闳丽，卓绝汉代，明王世贞评《子虚》《上林》，以为材极富，辞极丽，运笔极古雅，精神极流动，长沙有其意而无其材，班张潘有其材而无其笔，子云有其笔而不得其精神流动之处云云，其为历代评骘家所倾倒，可谓至矣。

★ 况发愤著书，意旨自激，其与任安书有云："仆之先人，非有剖符丹书之功，文史星历，近乎卜祝之间，固主上所戏弄，倡优畜之，流俗之所轻也。假令仆伏法受诛，若九牛亡一毛，与蝼蚁何异。"恨为弄臣，寄心楮墨，感身世之戮辱，传畸人于千秋，虽背《春秋》之义，固不失为史家之绝唱，无韵之《离骚》矣。

【品读大师】

鲁迅评价汉武帝时期的文人说："赋莫若司马相如，文莫若司马迁"，这是鲁迅对西汉辞赋家司马相如和史学家司马迁的最高评价。

司马相如究竟是一个什么样的人呢？

鲁迅引《汉书·司马相如传》介绍说："司马相如字长卿……慕蔺相如之为人，更名相如。以訾为郎，事景帝。"在《子虚赋》《天子游猎赋》《大人赋》得到汉武帝赏识后，鲁迅又说："盖汉兴好楚声，武帝左右亲信，如朱买臣等，多以楚辞进，而相如独变其体，益以玮奇之意，饰以绮丽之辞，句之短长，亦不拘成法，与当时甚不同。故扬雄以为使孔门用赋，则贾谊升堂，相如入室。"这是说司马相如之前的人多以楚辞跻身皇帝身边，到了司马相如，他在创作形式上充分表现出独创性，把诸子问答和游士说辞变成散体赋，不像诗体赋以四言为主，隔句用韵，篇幅短小，散体赋是散韵结合，句式多变，短者三四言，长者九、十言不等。所以鲁迅说其"不师故辙""独变其体""与当时甚不同"。这不能不说是一个创造。

另外，司马相如在写作方法上不但"益以玮奇之意"，有一个宏伟新奇的意图与想象，而且"饰以绮丽之辞"，使其创作意图形象化。一般地说，这种大赋，除了要有一个明确的主题思想、宏伟的结构与铺张闳丽的文采之外，还需要有丰富的文字常识，而相如几乎把自己所掌握的字、词汇都用上了，恰好选词造句正是他的专长，鲁迅说他“于小学，则有《凡将篇》”（宋代已佚），而《天子游猎赋》就是典型的富有创造性的虚构夸张、语言雕琢华丽、散韵结合的汉赋之作。所谓“相如入室”，就是说汉赋的最后成功是由他来完成的。他的赋标志着汉赋发展的最高水平，不但丰富了西汉文学艺术园地，而且成为西汉以来赋家学习和模仿的榜样。如扬雄的《长杨赋》《甘泉赋》《羽猎赋》，班固的《两都赋》，张衡的《二京赋》等都在不同程度上取式于司马相如的《天子游猎赋》。

司马相如的赋对文坛的影响很大，鲁迅说：“班固以为西蜀自相如游宦京师，而文章冠天下。盖后之扬雄，王褒，李尤，固皆蜀人也。”班固曾在《汉书·地理志》中说：“及司马相如游宦京师诸侯，以文辞显于世，乡党慕循其迹。后有王褒、严遵、扬雄之徒，文章冠天下。”可见司马相如在文坛地位之显赫，不但令乡党倾慕，遵循其汉赋创作轨迹前进，而且带动和培养了一批有造诣的文学后备军，大力推动和发展文学事业，呈现出西蜀文章冠天下的新形势。

我们再来看看“文莫若司马迁”是怎么回事。

司马迁，字子长，西汉夏阳（今陕西韩城）人。鲁迅说他“年十岁诵古文，二十而南游吴会，北涉汶泗（指山东），游邹鲁，过梁楚以归，仕为郎中”，后来接替父亲司马谈的太史令一职。天汉二年，司马迁因李陵降匈奴一事获罪，被罚以宫刑。

“被刑后为中书令，因益发愤，据《左氏》《国语》；采《世本》《战国策》；述《楚汉春秋》，终成《史记》一百三十篇，始于黄帝，中述陶唐，而至武帝获白麟止，盖自谓其书所以继《春秋》也。”

鲁迅对《史记》给予了前无古人的崇高评价“虽背《春秋》之义，固不失为史家之绝唱，无韵之《离骚》矣”。《史记》的观点虽然和《春秋》之义不同，但自古以来，历代名家对它的评价都很高。西汉扬雄曰：“或问《周官》，曰：‘立事。’《左氏》，曰：‘品藻。’太史迁，曰：‘实录。’”（《法言　重黎篇》）又曰：“《淮南》说之用，不如《太史公》之用也。《太史公》，圣人将有所取焉；《淮南》鲜取焉尔。必也儒乎！乍出乍人，《淮南》也。文丽用寡，长卿也。多爱不忍，子长也。仲尼多爱，爱义也；子长多爱，爱奇也。”（《法言 · 君子篇》）班固虽然对《史记》有批评，但也同意刘向、扬雄的观点：“自刘向、扬雄博极群书，皆称迁有良史之材，服其善序事理，辨而不华，质而不理；其文直，其事核；不虚美，不隐恶，故谓之实录。”（见《汉书 · 司马迁传》）历代名人对《史记》见仁见智，足以说明其至高价值。

鲁迅还引用过茅坤的一段读后感来说明《史记》的感人效果，茅坤说：“读游侠传即欲轻生，读屈原、贾谊传即欲流涕，读庄周、鲁仲连传即欲遗世，读李广传即欲立斗，读石建传即欲俯躬，读信陵、平原君传即欲养士”。鲁迅认为《史记》之所以能达到如此高的文学水平，是因为“惟不拘于史法，不囿于字句，发于情，肆于心而为文”。事实上，司马迁不但博学多闻，经验丰富，才思敏捷，而且不为过去的史法所禁锢，大胆地易编年为传记，富有独创精神，加上他思维清晰，善于阐明事理，“辨而不华，质而不理，文直事核，美而不恶”，最终留下史家绝唱。

第五卷 季羡林漫谈国学

对于什么是“国学”，季老曾说：“像国学这样的题目，难以讨论。想给国学下个定义，永远也不会有结果……与其在下定义上下工夫，莫如切切实实地读一些书，切切实实地思考一些问题。根据自己的认识去钻研，去探讨，有了心得，就成文成书。这比争定义、说空话好得多。”

在季老眼中，国学是一个太广博、太精深的话题，很难用一两句话说清楚。同样，世人对于季老的争论也一直绵延不休。学术界围绕季老是不是国学大师这一问题有过很长时间的争论，而季老也在他最后的著作《病榻杂记》中力辞“国学大师”的称号。这自然是季老的谦虚，而退一万步说，即使季老算不上真正的国学大师，他也做了大量关于国学的研究，留下许多国学方面的论述文章，提出了许多国学上的观点。因此，套用季老的话说，我们与其在“国学大师”这个称号上争论不休，不如踏踏实实地去读一些季老的著作和文章，这比争称号要有意义得多。

季羡林19岁考入清华大学，师从吴宓、叶公超，学东西诗比较、英文、梵文；选修陈寅恪的佛经翻译文学、朱光潜的文艺心理学、俞平伯的唐宋诗词、朱自清的陶渊明诗。1935年，被德国格丁根大学录取，学梵文、巴利文和佛学。1945年，“二战”结束后不久，季羡林匆匆束装上道，从德国回到祖国，此后一直在北京大学任教。

我们了解季老，多半是通过他的散文集和随笔，例如《朗润集》《牛棚杂记》等，其实季老的研究领域非常广泛，用他自己的话说是：“梵学、佛学、吐火罗文研究并举，中国文学、比较文学、文艺理论研究齐飞”。更难得的是，季老在所有这些领域上，都作出了独特的学术贡献。佛学方面，他是国内外少数能够运用原始佛典进行研究的学者；经过10年坚忍不拔的努力翻译印度古代史诗《罗摩衍那》；他研究吐火罗语，打破了“吐火罗文发现在中国，而研究在国外”的说法；他晚年写作的《蔗糖史》，是中外文化交流史研究方面的重要著作……

“做学问者，切忌只有学问，这个话很矛盾，其实却也实在……做研究的根本目的，在于把学术和时代、学术和民生相联系，把中华文明导向现代化。”季老曾师从于胡适，胡适说的这种文化的转型，既是胡适的，也是季羡林的。20世纪80年代后，季老对中国文化、东西方文化交流、21世纪的人类文化等重要问题提出了许多个人见解和论断，为东方民族的振兴和东方文化的复兴呐喊，提出东西方文化的变迁是“三十年河东，三十年河西”，在生命最后的岁月里，仍然不遗余力地力倡“大国学”的观点。

然而，作为这个时代最醒目的学术符号，季老在学术上却是孤独的，社会上关于他的各种争议风波似乎比他的学术本身更容易引起关注，他甚至无力阻止自己陷入各种利益争夺的旋涡之中。季老在《悼念冯芝生(友兰)先生》一文的最后写道：“芝生先生！你完成了人生的义务，掷笔去世，把无限的怀思留给了我们。芝生先生！你度过漫长疲劳的一生，现在是应该休息的时候了。”这恰恰也是我们想对季老说的话。

第十一章　杂议国学研究

顺乎人心，应乎潮流

【国学笔记】

★ 我现在所谈的就是“人心”，就是“潮流”。我没有可能对所有的人都调查一番。我所说的“人心”，可能有点局限。但是，一滴水中可以见宇宙，从燕园来推测全国，不见得没有基础。

★ 我们责怪西方不了解东方文化，不了解东方，不了解中国，难道我们自己就了解吗？如果是一个诚实的人，他就应该坦率地承认，我们中国人也并不全了解中国，并不全了解东方，并不全了解东方文化。实在说，这是一出无声的悲剧。

【品读大师】

1993年一个阴雨连绵的晚上，北京大学电教楼报告厅里座无虚席，连入口处和走道上也挤满了人。将近7点时，报告厅里突然响起一阵雷鸣般的掌声，82岁高龄的季羡林先生来了，他应北京大学邀请为燕园的学子们做一次关于国学的讲座。季老看见有不少同学都站在走道边、坐在台阶上，安安静静地听他讲，这位耄耋老人心里感到十分激动，眼泪都在眼睛里打转。本来，季老劝同学们找一个小一点的教室，因为担心来得人少，面子上不好看，可同学们坚持要在能够容纳400人的电教楼报告厅，没想到地方还是太小。季老看见这么多同学冒雨前来，感动地说："难为大家了，谢谢同学们对国学研究的热情关注。"

事后，季老回忆起那天燕园讲座的情形，内心依然热浪翻滚，他说人世间有果必有因，大家对国学研究的关注必然也有它的原因，如果用一句话来回答就是：顺乎人心，应乎潮流。

《辞源》上说："国学，一国之固有之学术也。"季老认为这句话虽然简短朴实，但的确说到了点子上。如今国内兴起国学热，但很多人对于国学的概念还很模糊。究竟什么是"国学"，季老认为，简单地说，"国"就是中国，"国学"就是中国的学问，中国的一切传统文化就是国学。中华民族拥有五千年的文化，是一笔十分宝贵的财富，它五色杂陈、头绪万千，需要我们认真地分析、细细地品味，找出其中的精华，将它发扬光大，进而有利于社会的发展和人民的幸福，这正是潮流所在。

过去，有很多人将"国学"与"国故"联系在一起，因为国学表面上看起来是研究过去的文化。对此，季老强调说，国学绝不是"发思古之幽情"，"它既与过去有密切联系，又与现在甚至将来有密切联系"。

这些年，不但国内有越来越多的人开始关注国学，就连国外也掀起了学习中国文化的热潮。2004年11月21日，全球第一所“孔子学院”在韩国首尔挂牌。截至2010年底，全球已建立322所孔子学院和369个孔子课堂，分布在96个国家和地区。季老还曾听一位国家教委的领导说，他在印度新德里，亲耳听到印度总统在讲话中引用了《管子》一书里关于“十年树木，百年树人”的话，可见中华文化已经深入世界各地人民的心里。我们一方面应该为之而感到骄傲，另一方面应该投入更多的热情和精力来研究我们的传统文化，正如季老所说：“我们中国传统文化中优秀的成分是子孙万代的精神食粮，不弘扬它，我们就对不起祖宗，也对不起后代子孙。”

何谓“大国学”

【国学笔记】

★ 我个人觉得，探讨中国文化问题，不能只局限于我们生活于其中的这几十年、近百年，也不能局限于我们居住其中的960万平方公里土地。我们必须上下数千年，纵横数万里，目光远大，胸襟开阔，才能更清楚地看到问题的全貌，而不至于陷入井蛙的地步，不能自拔。总之，我们要从历史上和地理上扩大我们的视野，才能探骊得珠。

★ 中国是一个有五十六个民族的多民族国家，每一个民族都参与了中国文化的创造，因此每一个民族的文化都应该得到尊重和研究。过去出版的许多中国通史，实际上都是汉民族的通史，真正的中国通史应该是包括各少数民族在内的中国多民族的历史。

【品读大师】

2007年3月的一天，几位好友前往北京301医院看望季老，在谈到当时国内兴起的国学热时，这位年近期颐的老人感到十分欣慰，同时也有一丝担忧。如今大家对国学越来越重视，许多学者都起来呼吁学习中国传统文化，激起了大众对重学传统文化的热情，然而在这份热情之余，也需要做一些冷静的思考。例如，现在学术界对传统文化的理解分歧很大，传统文化究竟包括哪些内容，始终没有一个一致的说法。对此，季老提出了“大国学”的概念，他强调说：“国学应该是‘大国学’的范围，不是狭义的国学。”也就是说，国内各地域文化和五十六个民族的文化，都包括在“国学”的范围之内。

季老举了几个例子来说明“大国学”的含义。比如我们常常讲的“孝悌忠信”和“礼义廉耻”，前者属于鲁文化，着重讲人的内心修养；后者属于齐文化，着重讲外在的法律约束。鲁文化和齐文化为什么会产生这种差别呢？因为鲁国农业发达，人民都在本本分分地务农，而齐国商业发达，需要借助法律的力量来约束人的行为。两种文化相互影响、相互补充，都是中国传统文化的重要组成部分。

此外，有些人认为只有汉族的文化才能算国学，季老则说：“中国文化，中国所有的民族都有一份……这五十六个民族创造的文化都属于国学的范围，而且后来融入中国文化的外来文化，也都属于国学的范围。”比如吐火罗语。季老长期致力于吐火罗语的研究，吐火罗文是在中国新疆发现的，20世纪70年代，新疆吐鲁番地区又发现了吐火罗语《弥勒会见记》，季老对此研究并发表了多篇重要论文，打破了“吐火罗文发现在中国，而研究在国外”的欺人之谈。对于吐火罗文，季老强调，吐火罗文是中国古代的一种语言，是别的地方没有的，也应该包括在国学的范围之内。

此外，季老还专门提到了敦煌学。在中国古代的文化交流史上，敦煌占有相当重要的地位。很多文明程度很高的国家的文化都到过敦煌。敦煌是古代中国吸收外来文化的最后一站，外来文化与中国本土文化在这里首先产生了碰撞和交流，因此季老提出，敦煌学也应该包括在国学里面。有一些西方学者故意把藏学、满学、蒙学、伊斯兰学等排除在汉学之外，其中的用心可想而知。而季老提出的“大国学”的概念正好将这种谬论打消得一干二净。

季老人生最后的几年一直在病房中度过，但他始终关注着社会上重振国学的热潮。早在2005年中国人民大学成立国学院时，季老就提出了“大国学”的初步设想：“国学”应该是长期以来由多民族共同创造的涵盖广博、内容丰富的文化学术，而绝非儒学的代名词。2009年，98岁高龄的季老，为即将出版的《中国通史》题辞：“普及中国史，提倡大国学。”再一次重申“大国学”的概念。在季老一次又一次的强调之下，“大国学”的概念终于进入了人们的视野，引起了广泛的重视，正如季老所说，目前我们的国学研究还很粗糙，还有很多值得包括进来的东西还没有挖掘出来，还有很多事情需要我们这些后人继续做下去。

历史研究应有的四种态度

【国学笔记】

★ 我们一向讲中国是四大文明古国之一。现在我们的考古发现越多，就越证明我们的历史长久。随着考古学的不断进步，我估计将来考古发现不但有夏、有禹，一定还会有更古的尧、舜，还要往上发展。总而言之，我的看法是考古发现越多，我们的历史越长。

★ 今天看汉人的解经，难免有离奇荒诞之感。司马迁作《史记》，引了一些《书经》里面的话，都不是原封不动，而是加以“当代化”。以后，到了清代，经过了许多朴学考据大师的诠释，才了解得多了不少。但是，一直到今天，还没有哪个学者敢口出大言，说自己完全了解。《书经》如此，其他诸经以及别的古典文献，莫不皆然。

【品读大师】

很长一段时间里，人们都认为殷商时期的甲骨文是中国最古老的文字，然而，多年前发表在《中国史研究动态》上的一篇文章却打破了这个认识。文章里介绍说，《说文》中的六书，甲骨文都已经具备，可以说甲骨文已经是一种很成熟的文字，看来在甲骨文之前就应该有原始文字存在。现在河北、山西、山东等地都发现了史前文字，只可惜材料太少，无法和甲骨文联系起来，但是可以说明，在甲骨文之前文字就已经有了很长的历史。现在需要考古、地理、历史各界联合起来，共同寻找炎黄时代的古文字。

这篇文章一发表，立刻引起了季老的注意。他说，他一直自认为是半个历史研究工作者，可年届耄耋之时却突然豁然开朗，认识了历史研究中的一个根本问题，那就是“历史，特别是古代史研究中的很多结论，不管看上去多么确凿可靠，却只能是暂时的假设，与真正的结论相距极远”。季老进一步指出，我们离开古代越远，对古代史的了解就越深刻越细致，也就是说，时代差距与了解程度是成正比的，这一点不难理解，大致有三方面的原因。

第一个原因，正如上面那篇甲骨文里所说，随着考古发掘的进步，新材料的发现越来越多，许多过去我们认定的“事实”不断被怀疑、被打破，总是在获得一些新的认识。例如，一开始我们对于新疆地区的古代史了解得很少，后来通过这一地区考古发现的大量文字和非文字的实物，大大加深了我们的认识。再如，如孔壁古文的发现、汲冢周书的发现、敦煌古籍的发现，每一次的发现都让我们增加了对古书的了解，而且这样的发现将来还会越来越多。因此，季老甚至大胆推测，地下埋藏的历史，要比我们已知的还多。

第二个原因，我们研究历史的手段在不断更新、不断进步。例如过去收集资料都是靠学者的记诵之功，难免有遗漏，现在有了电脑的帮助，不论搜集、记录还是检索，都非常快捷方便，不会有任何遗漏。

第三个原因，我们研究历史的指导思想也在变化。比如用历史唯心主义和历史唯物主义研究所得的结果必然大不相同，近几十年来历史研究取得的成绩与正确的指导思想是分不开的。

因此，季老一再强调，我们根据目前得到的资料做出的结论，都必然只能是暂时的。对此，我们作历史研究，就应该有四种态度："第一，不能认为任何结论都是真理；第二，必须敞开思想，随时准备推陈出新；第三，必须随时注意新材料的发现，不管它是来自考古发掘，来自新发现的古籍，还是来自某一个地方偶然发现的石碑、墓碑等；第四，必须随时注意报刊杂志上的文章，特别是国外的报刊杂志。"

季老在第四点中提到国外的报刊杂志，除了注重国际学术交流的意义之外，或许还有别的含义。季老曾听说中国考古界存在这样一种情况，中国的考古工作者花费大量时间和精力发掘了某个地方，作出的发掘报告也有极高的水平，但是却不能把这些结果运用到历史研究中来，相反国外的历史学家利用这些素材写出了高水平的历史专著，这不能不让人感到惋惜。因此，季老呼吁我们的考古学者和历史学家，要“自己发掘、自己研究、自己利用”。

第十二章　论传统伦理道德

中国传统伦理道德的精华

【国学笔记】

★ 我们必须提出，对过去的道德标准一定要批判继承，过去适用的，今天未必适用。今天适用的，将来未必适用。在道德教条中有的寿命长，有的寿命短。有的可能适用于全人类，有的只能适用于某一些地区。适用于一切时代、一切地区、万古长青的道德教条恐怕是绝无仅有的。

★ 先从自己开始格物，就是了解事物，了解以后致知，把规律找出来，正心、诚意就不用讲了，修身就是修自己，然后齐家，把家治好，然后再治国，治国以后是平天下，就是从个人内心一直到天下。

【品读大师】

《歌德谈话录》一书记录了1827年1月30日德国著名诗人歌德与埃克曼的对话。歌德对埃克曼说："我今天看了一本中国的书：《好逑传》。中国人了不起，在中国人眼里，人和宇宙合二为一，男女谈情说爱，相互彬彬有礼，那么和谐、和睦，这个境界我们西方没有。”

对于歌德所说的这段话，季老心中颇有一番感慨，这本《好逑传》在中国文学史上的地位最多和《今古奇观》差不多，然而却得到当时欧洲文化第一代表人歌德的如此赞赏，可见在他看来，中国作者心中的境界是很高的，也可以看出中国传统道德在世界文明史中的地位。

在季老看来，要谈中国传统文化，就不能不谈中国传统道德，中国传统道德是中华文化中最精华的内容，世界上没有第二个国家像中国这样几千年如一日地注重伦理道德。然而伦理道德又是一个太空泛太笼统的概念，似乎无处不在、无所不包，似乎每个人都懂得，真要说出来却又不那么一样。对此，季老提出，中国传统道德的精华应该包括三个部分。

第一部分，即《白虎通》中提出的三纲六纪。三纲即：君为臣纲，父为子纲，夫为妻纲。六纪，一是诸父，也就是父亲的兄弟姊妹；二是兄弟；三是族人；四是诸舅，就是母亲家的人；五是师长；六是朋友。对于三纲六纪，季老多次提到他的老师陈寅恪先生的话，“三纲六纪是中国文化的中心”。之所以这样说，季老认为，人类自从有社会以来，必然需要一种规则来维系，否则社会就会变得乱七八糟，而三纲六纪则把当时社会中所有的人际关系都规定好了。也就是说，如果每个人都能按照三纲六纪里要求的那样去做，社会就会十分有序、和谐。当然，季老也强调，三纲六纪产生的时代毕竟离现在已经非常久远，其中一些内容在现在看来属于糟粕，要注意取舍。

第二部分，即“格、致、正、诚、修、齐、治、平”，也就是格物、致知、正心、诚意、修身、齐家、治国、平天下。季老解释说，这是一套系统的步骤，从一个人的内心修炼一直到治国、平天下。这套步骤既属于伦理道德范畴，又属于政治范畴，是其他任何国家所没有的。

第三部分，即礼义廉耻。古语云：“礼义廉耻，国之四维”，也就是说礼义廉耻是一个国家的四个支柱，古人认为礼定贵贱尊卑，义为行动准绳，廉为廉洁方正，耻为有知耻之心。

以上三个方面即是季老认为中国传统道德中最重要的三个部分，在季老看来，中国传统道德不仅是中国文化的精华，在世界人类文明遗产中也占有相当重要的地位。因为，虽然世界上各个民族各个国家都有自己的一套道德规范，但是“内容这么全面、年代这么久远、涉及面这么广泛的道德规范，在全世界来看，中国是唯一的”。而且，中国传统道德的影响巨大，日本、韩国、越南等这些属于汉文化圈的国家，都受到我国传统道德的影响。对此，季老心中也满怀期望，盼望中国传统道德能够在将来的人类精神文明发展中，发挥更重要的作用，这应该也是所有中国人的盼望吧。

“三纲六纪”的境界

【国学笔记】

★ 人类自有社会以来，必然要有一种规则来维系，不然的话社会就会乱七八糟。现在马路上为什么要有交通警？为什么要有红绿灯？这就是一种规则，一种规章制度，要求大家都来遵守，这样社会生活才能进行。要是没有这些规则，社会生活就不能进行。

★ 中国哲学同外国哲学不同之处极多，其中最主要的差别之一就是，中国哲学喜欢谈论知行问题。我想按照知和行两个范畴，把中国文化分为两部分：一部分是认识、理解、欣赏等，这属于知的范畴；另一部分是纲纪伦常、社会道德等，这属于行的范畴。这两部分合起来，形成了中国文化。在这两部分的后面存在着一个最为本质，最具有特征的、深义的中华文化。

【品读大师】

季老的老师陈寅恪先生曾经在《王观堂先生挽词·序》中写道："吾中国文化之定义，具于《白虎通》三纲六纪之说，其意义为抽象理想最高之境，犹希腊柏拉图所谓idea者。"在陈寅恪先生看来，《白虎通》一书提到的"三纲六纪"是中国文化抽象理想的最高境界，就好比希腊的柏拉图提出的概念"idea"。

季老对于这一观念十分赞同，并且进行了较为详细的阐述。首先，季老把中国文化划分为两个部分，即知的部分和行的部分。在行的方面产生影响的主要是儒家，而在知的方面起决定作用的则是佛道两家。而潜藏在二者背后的那个最具有中国特色的深义文化，就是"三纲六纪"等伦理道德方面的东西。

为什么说"三纲六纪"等伦理道德是最本质的、最有深义的中国文化呢？季老举了佛教传入中国的例子来说明。原始佛教最根本的教义也有知和行两方面的内容，前者诸如无常、无我、苦等，后者诸如修行、膜拜、涅槃等。但是都完全没有伦理的色彩。然而佛教传入中国后，那些无父无君的主张与中国的"三纲六纪"完全对立，"在与中国文化的剧烈冲击中，佛教如果不能适应现实情况，必然不能在中国立定脚跟，于是佛教只能做出一些伪装，以求得生存。"

由此可见伦理道德在中国文化中的地位和重要性。许多学者对此也深有感触。例如冯友兰先生曾说："基督教文化重的是天，讲的是‘天学’；佛教讲的大部分是人死后的事，如地狱、轮回等，这是‘鬼学’；中国文化讲的是‘人学’，注重的是人。”梁漱溟先生则简明扼要地指出：“中国人把文化的重点放在人伦关系上，解决人与人之间怎样相处。”就连国外的学者也注意到了这一点。例如日本学者岩山三郎说：“西方人看重美，中国人看重品。西方人喜欢玫瑰，因为它看起来美，中国人喜欢兰竹，并不是因为它们看起来美，而是因为它们有品。它们是人格的象征，是某种精神的表现。这种看重品的美学思想，是中国精神价值的表现。”

中国文化与世界上其他国家的文化必然存在一定的共性，但我们要关注的是它的特性。因此季老强调说：“中国文化的特性最明显地表现在它的伦理色彩，它所张扬的‘三纲六纪’，以及解决人与人之间的关系的精神。”

生生不息的爱国传统

【国学笔记】

★ 我最近突然有了一个顿悟：中华传统优秀文化内容之一是爱国主义传统。说中国人天生就爱国，这是唯心主义。存在决定意识，中国人的爱国主义是“存在”，也就是历史环境所决定的。

★ 西方国家不能说没有爱国主义，不能说没有真正的爱国主义，像法国的短篇小说《最后一课》，就是爱国主义的杰作。但是，西方国家立国的时间短，找不出像中国的岳飞、文天祥等这样闪闪发光的爱国者，这是历史所决定的，无法改变。

【品读大师】

“苏武留胡节不辱，雪地又冰天，穷愁十九年。”“壮志饥餐胡虏肉，笑谈渴饮匈奴血。”“人生自古谁无死，留取丹心照汗青。”……这些诗句恐怕是人人都熟悉的，西汉大臣苏武、宋朝抗金名将岳飞、南宋民族英雄文天祥，他们的故事发生在不同的朝代、面对的是不同的敌人，但是共同写下了两个沉甸甸的大字，那就是“爱国”。

季老认为，爱国主义与中国传统文化有着极其密切的关系。第一，在中国传统的伦理中，爱国主义占有极其重要的地位。第二，正是因为我国有光辉灿烂的传统文化，我们这个国家才更值得爱，更必须爱。

要明白爱国主义，首先要明白什么是国。季老在谈到爱国主义时曾经提到，很多人由于对“国”的概念不清楚，竟然对杨家将、岳飞是爱国主义英雄的问题产生了疑问。要知道，在中国历史上，“国”的概念是一直在变化的。比如在封建时代，以家为国，周国是一国，齐国是一国，鲁国也是一国。到了三国时期，魏、蜀、吴就是三个国家。也就是说，对于“国”，古代有古代的概念，今天有今天的概念，我们不能拿今天的国家的概念去判断古代的人的行为是不是属于爱国主义。例如，虽然说突厥、匈奴、辽、金等民族，如今已经成为中华民族的组成部分，但是在卫青那个时代、在岳飞那个时代，抗击匈奴和突厥就是彻彻底底的爱国主义行为，如果不是爱国又是什么呢？如果不是爱国，这些事迹又何以成为千古传诵的佳话呢？可见中国传统伦理中包含强烈的爱国主义成分。

再看第二点，因为爱文化而爱国。季老向来主张多元文化中心论，也就是说，整个人类的文化是由世界上各个国家、各个民族共同创造的。但是，他同时也强调，每个国家和民族的文化对人类共同文化的贡献和影响有大有小，是不一样的。而中国传统文化无疑是其中最重要的环节之一。这一点，但看中国经籍对西方的影响就可以知道。明朝万历年间，传教士利玛窦将四书翻译成拉丁文，寄到意大利。从此，中国经籍开始大量西传。德国和法国的许多哲学家都曾受中国经籍的影响，例如康德认为，斯宾诺莎的泛神论完全是受老子的影响，而康德自己的哲学也受到宋儒理学的影响。在德国，莱勃尼兹与华尔弗利用中国哲学推动了德国的精神革命……看到这些，中国人心中必然都会油然而生出一种自豪，拥有这样传统文化的国家，难道还不值得爱吗？

同时，季老也提醒我们注意，爱国主义也有真伪之分。被侵略被压迫的民族，为了保卫自己国家而奋战，这是真的爱国主义。而有些人打着爱国主义的旗号，侵略别的民族，甚至要灭绝别的民族，这是伪爱国主义，切不可将两者混淆。

在中华民族备受欺压的年代，中国人的爱国心特别强烈，新中国成立后，我们再也没有遭受过外国的压迫，对于解放之前的情况也不甚了解，对于爱国主义多半也只是一些肤浅的了解，更谈不上体会，这也就是为什么季老多次在文章中写、在演讲中谈，屡次强调爱国主义的问题。在不同的历史时期，爱国主义有不同的表现方式，战争时期需要这种精神，和平时期同样需要这种精神，和平年代里爱国主义的内涵也就是我们今天需要思考的问题。